Inken Herzig

Fachwerk, Sterne-Koch und Storchenvater

Elsässer Sinnenfreuden

Inken Herzig

Fachwerk, Sterne-Koch und Storchenvater

Elsässer Sinnenfreuden

Picus Lesereisen

Picus Verlag Wien

Für Helga und Morten

Grafische Gestaltung: Dorothea Löcker, Wien
Umschlagabbildung: Foto Pictor
Druck und Verarbeitung: Remaprint, Wien
ISBN 3-85452-774-8

Inhalt

Vom Löffel geschleckt

Die Konfitürenkönigin und ihr süßes Reich

Oft verwandeln sich die simpelsten Gegenstände in eine Zeitmaschine nach dem Wells'schen Prinzip. Der nostalgische Duft von Tosca, ein Porzellantöpfchen mit Liebig's Fleischextrakt oder ein handgroßer Wäschesprenger aus Bakelit – nicht mehr als ein vager Geruch – und doch nehmen sie uns Jahrzehnte mit zurück.

In die Zeit, als Weckgläser noch in den Kellern standen und die Einkochhilfe mehr als eine Reminiszenz an die schönen, alten Dinge war. Damals gab es Hausfrauenmarmelade, in einem Gläschen mit Schraubverschluss und einem handgeschriebenen Schildchen darauf.

Keiner zerbrach sich über die handelsrechtliche Unterscheidung von süßen Aufstrichen den Kopf, bis die EU eine neue Sprachregelung fand: Marmelade darf nur noch heißen, was aus Zitrusfrüchten wie Orangen, Zitronen oder Grapefruits besteht. Konfitüre indes wird aus allen anderen Obstsorten kredenzt.

Lukullische Genüsse? Lucull, römischer Feldherr aus dem 1. Jahrhundert, der weniger wegen seiner Feldzüge, sondern eher aufgrund seiner üppigen Festgelage in die Historie einging, hätte sich nach Exquisiterem gesehnt.

Aromen, Gewürze oder besondere Frische interessierten ihn. Lukullischen Ansprüchen, denen sich auch Christine, die Chefin einer kleinen Konfitürenmanufaktur, verschrieben hat.

Ihr Haus schlummert hinter einer Rosenhecke, einer Woge weiß blühender Glyzinien und kniehohem Farn. Ein Dornröschenschloss in Niedermorschwihr, einem Dorf, wo sich saftig grüne Weinstöcke in den Himmel recken und die Fachwerkhäuser wie aus Lebkuchen gebaut entlang der Dorfstraße stehen.

Christine Ferber, eine junge Frau mit dunklem Haar, ist des Dörfchens prominenteste Einwohnerin. Mehrmals wurde die Patisseurin ausgezeichnet für ihre größte Leidenschaft: *mes confitures*. Sie ist Frankreichs ungekrönte Konfitürenkönigin, eine Künstlerin des unwiderstehlichen Geschmacks. Doch obgleich sich Franzosen von Strasbourg bis Bordeaux nach ihren Kreationen die verwöhnten Fingerspitzen lecken, scheut sie das Rampenlicht, anders als der lyonesische Kochlöwe Paul Bocuse. »Unter Köchen und Patisseuren herrscht eine enorme Konkurrenz«, befindet Christine, »wenn man als Frau in diesem Gewerbe tätig ist, steht man unter großem Druck.« Sie zupft ein paar gelbe Blättchen von den Rosen. »Ich habe an Auszeichnungen und Wettbewerben wenig Interesse. Ich zeige Ihnen den Grund.«

Ein paar Schritte nur sind es zu ihrem süßen Reich, einem kleinen Betrieb, der sich in der dörflichen Konditorei ihrer Eltern versteckt.

Kein Fließband, keine Werkhalle, keine waschkesselgroßen Töpfe warten hier. Eine klimpernde Türglocke, dann ein bescheidener Verkaufsraum, in dem sich neben Konfitürenregalen Gebäck, frisches Brot, Obst und eine Auswahl von Zeitschriften findet. Gleich dahinter das »Laboratorium«. Ein sonniger Raum, in dem eine Schar junger Damen, in weißen Schürzen und mit akkurat sitzenden Häubchen im Haar, der Chefin harrt. Vor ihnen sind üppig gefüllte Körbe mit Brombeeren aufgebaut. Früh am Morgen wurden sie gepflückt, ein paar Stunden später mit eingefärbten Fingern verlesen. Von Zucker begleitet, kullern sie in einen Kupfertopf. Nur kurz rumort das Mus, zieht der herb-fruchtige Duft in Schwaden durch den Raum, dann wird es samtrot abgefüllt.

Ein Vorgang, der so alt ist wie die Menschheitsgeschichte. Schon Plinius empfahl als natürliches Medikament gegen Unwohlsein in Honig gekochte Quitten.

Später blieb die Marmelade – wie alles Süße, Anregende und im weitesten Sinne Genussbereitende – ein für die Aristokratie reserviertes Luxusgut. Kaiser Maximilian I. veranlasste die berühmte, dort ansässige Konfitürenproduktion nach seiner Heirat mit Maria von Burgund längere Zeit in den belgischen Städten Gent und Brügge zu verweilen. 1544 gab dann ein Autor namens Walther Ryff ein Buch mit achtzig Rezepten zur Sirup- und Marmeladenherstellung heraus.

Kann man dieser Tradition noch etwas Neues bieten? Christines Erfolgsgeschichte begann erst vor zwölf Jahren. Sie hatte ein paar Gläschen eingekocht, die weniger zum Probieren, denn zum Dekorieren des elterlichen Schaufensters gedacht waren. »Damals thronte in den meisten Familien noch die ›Bonne Maman‹ auf dem Frühstückstisch«, erinnert sie sich. Die Aufstriche hatten süß und gehaltvoll zu sein, die gängigsten Sorten strahlten in Rot und Gelb. Eingeschüchtert von so viel Industrieprodukt, verlangte sie vom ersten Kunden, der eines ihrer Gläschen erwerben wollte, gerade ein paar Francs.

Der Kunde kam zurück und mit ihm ein ganzer Tross – sie alle sehnten sich nach mehr. So begann sie mit Obstsorten und Rezepten zu experimentieren, erweiterte später das Programm, rührte süß-saure Früchte und kochte Chutneys passend zu Käse oder Pasteten ein.

Das Geheimnis? Ist bis heute die Frucht. Nur frische Ware aus dem Elsass darf es sein. Die *myrtilles des bois d'Alsace,* würzige Waldheidelbeeren. Die süßen Himbeeren, die *framboises d'Alsace,* oder der unvergleichlich aromatische *pêche des vignes,* ein glutroter Weinbergpfirsich, der nur in wenigen Gärten überlebte, da er keine großen Erträge erzeugt, aber ein geradezu sinnbetörendes Aroma hat.

Christine wählt die Früchte und kombiniert sie mit Kräutern, Blütenblättern und Gewürzen wie ein Parfumeur. Minzig mit fruchtig, zitrusartig mit Karamell, würzig mit blumig, sinnlich mit herb. Wie von Zauberhand entstehen Zwetschgen mit Vanille, weiße Kirsche mit Pfefferminze,

Wildapfelgelee mit Zimtrinde oder schwarze Johannisbeeren mit Pinot noir.

Über 160 Sorten hat sie inzwischen kreiert, jede Saison inspiriert zu einem neuen Rezept. Mehrere Bücher von ihr sind mit Rezepten, ja, ganzen Anthologien zum Thema gefüllt.

Die Schätze schlummern derweil in 225-Gramm-Gläschen, mit einem rot-weiß-karierten Tüchlein versehen, im Kühlraum der Konditorei. Rund vierzigtausend Töpfchen entstehen im Jahr. »Eine Zahl, die Unternehmer nur milde lächeln lässt«, gibt Christine zu, »aber ich denke nicht in Massen, ich möchte kein Industrieprodukt.«

Auch die Vergrößerung ihres Laboratoriums ist nicht vorgesehen. In dem kleinen Raum hinter der Backstube bestimmen immer noch die Früchte den Ertrag. »In diesem Jahr bekamen wir nur 15 Kilogramm Stachelbeeren – die anderen waren einfach nicht gut genug, also gibt es nur ein paar Gläser.«

Eine limitierte Konfitürenedition, die unter Kennern wie der viel versprechende Jahrgang eines Spitzen-Bordeaux gehandelt wird. Kein Zufall, denn Konfitüre hat einiges gemein mit Wein. Nicht nur, weil sie bei 14 bis 18 Grad Celsius serviert am besten schmeckt, sondern weil die Qualität der Früchte, die sorgfältige Behandlung, der Boden und das Klima den Erfolg bestimmen.

Gäbe es eine Firmenphilosophie, so könnte sie für die Manufakturistin lauten: Alles braucht seine Zeit. »Die Früchte müssen in Ruhe ausreifen, wir nehmen uns Zeit, sie zuzubereiten.«

Ja, und der Kunde? »Ich habe gehört, die meisten meiner Aufstriche kommen gar nicht aufs Brot, sondern werden pur vom Löffel geschleckt.«

Pigalle, Pigalle

… eine süße Mausefalle zwischen Misthaufen und Fachwerk

Vormittags um zehn. Ein paar Raben krächzen ungeduldig, Promenadenmischungen stecken kläffend ihr Revier ab. Es ist nicht viel los in Kirrwiller, einem 450-Seelen-Dorf, von denen es viele im Elsass gibt. Es ist von Weiden und Feldern umgeben, Pappeln tragen große Mistelnester, Fachwerkhäuser sind eng aneinander geschmiegt, eine katholische Kirche läutet jede Viertelstunde, die protestantische Kirche zieht halbstündlich nach. Auffallend nur ein grünes Willkommensschild, auf dem vor goldbetrasster Gardine der Name »Adam Meyer« prangt.

Adam Meyer – ein dörflicher Tanzboden, eine kleine Provinzbühne, Tingeltangel oder halbseidenes Kabarett?

Von der Hauptstraße zweigen Traktorspuren ab. Zielen pfeilgerade auf ein wäscheweißes Objekt, das einem zu groß gewordenen Fertighaus gleicht. Weiße Betonsäulen schmücken die Fassade. Rosa bepflanzte Blumenbeete rahmen die Fenster. Dunkelrote Samtgardinen mit güldenen Troddeln grüßen.

Der Royal Palace ist der wahr gewordene Traum von einer Music Hall, einem schimmernden Las Vegas außerhalb Amerikas.

Moulin Rouge oder Lido? Ach, was. Die perfekte Show, das pikant-laszive Varieté, versteckt sich nicht in Paris, sondern hier auf dem Land. Im Bas-Rhin, das weniger für Kurzweil als für Rechtschaffenheit steht.

Tugendhaftigkeit, wohin man schaut. Im Nachbarhaus schmückt eine blasse Christus-Inkunabel mit Rosenkranz die Strukturtapete. Ein Bannkreis, gezogen, um drohende Versuchung abzuwehren.

Vergeblich. Denn Pierre Meyer ist der geborene Don Juan und beweist es rund einer halben Million Besuchern im Jahr. Der Impressario von Kirrwiller trägt ein verwaschen-blaues T-Shirt mit »Siegfried & Roy«-Schriftzug, beigefarbene Safarihosen und will so gar nicht in das Klischee eines Revuedirektors passen.

Sein Publikum kommt von weit her, um seine Millionen-Glitter-Show auf dem Land anzuschauen. Der Eintritt ist so günstig, dass man sich ein Essen und prachtvolle Abendrobe erlauben kann, die Gegend sicher bis auf eine einzige Unwägbarkeit: Misthaufen, die im Dunkeln nicht beleuchtet sind.

Eine Woche nach der Sommerpause herrscht Hochbetrieb. Es riecht nach Desinfektionsmitteln. Frauen mit Staubsaugern auf dem Rücken rüsseln samtrot glitzernde Wandbespannungen ab. Der bengalische Tiger am Eingang glitzert, der gold-rote Teppich duftet frisch geschäumt, die kleinen Sessel im Louis-Seize-Stil sind abgeklopft. In der Boutique flattert die neue Kollektion von Polyestertüchern und Porzellantellerchen. Salonreife Nippes, die Royal-Palace-Feeling mit nach Hause bringen sollen.

Pierre Meyer in seiner Schaltzentrale: ein grundsolider Nussbaumschreibtisch, eine Glaslampe, die aussieht wie die Trockenhaube eines Friseurs. An den Wänden knallbunte Bühnenbilder seiner Shows – der konservierte Erfolg aus über 23 Jahren.

Die Meyers sind in Kirrwiller die ungekrönten Monarchen der Unterhaltungsindustrie. Großvater Meyer begann auf seinem alten Hof das Geschäft mit Gästen und einfacher Hausmannskost.

Sein Schwiegersohn, gestandener Dorfschullehrer, übernahm den Betrieb. Er eröffnete 1948 eines der ersten Tanzlokale, Dancing Adam Meyer. Ein Name, bei dem die Hüften des Schulmeisters swingten und Lust machten auf mehr. Er baute die Restauration zum Hotel mit Tanzboden aus. Zwanzig Jahre später erwies sich das als ein überholtes Konzept. Die Dorfjugend, inzwischen motorisiert, zog es in die Städte, zurück blieb ein sterbender Gasthof, eine Spur gestrig, ein bisschen wehmütig, wie es vergessene Showgrößen eben sind.

Als Sohn Pierre Meyer das Ensemble übernahm, brauchte er deshalb dringender als Geld eine neue Idee.

»Ich bin sehr kreativ«, sagt er ohne Eitelkeit und umschreibt, wie er mittels schräger Dekorationen, ausladender Buffets und viel Tamtam die erste dörfliche Erlebnisgastronomie erfand.

»Ich hatte beobachtet, dass die Hälfte meiner Gäste tanzt und die andere Hälfte nur zuschaut. Den Zuschauern wollte ich mehr bieten – eine echte Show!«

Er streicht sich das »Siegfried & Roy«-T-Shirt glatt. »Hier in Kirrwiller muss man schon etwas sehr Spezielles machen.« Seine Anfänge mündeten in einer folkloristischen Revue mit viel Flitter und buntem Chichi.

Wie ein Trendscout hatte Meyer die Sehnsüchte erspürt. Die Elsässer, schon lange auf Vergnügungsentzug, strömten aus allen Winkeln, um am Wochenende seine Revuen zu sehen. Zwei Jahre später stand die Erweiterung seiner Bühne an. Meyer war Koch, Dekorateur und Animateur in einer Person. Und zwischendurch Daniel Düsentrieb: verschwand aus der Küche, eilte in den Regieraum, setzte das Licht.

Irgendwann gab sich Meyer mit folkloristischen Einlagen nicht mehr zufrieden. Er kaufte aus Paris fertige Soireen, agierte mit großer Regie, Hebeanlagen, erweiterte wieder die Bühne, das Licht, und erwog eine eigene Produktion. Künstler wurden gesucht, Bühnenbilder gebaut, Choreografen und Regisseure eingekauft, alles perfektioniert, bis die Kosten detonierten. Meyer rechnete bis in die Nacht – seine Gleichung war: Wenn er sechs Monate lang fünfmal in der Woche rund dreihundert Gäste haben würde, käme es hin.

Es kam, ganz Frankreich strömte zu Meyer. Die kleine Verruchtheit auf dem Land erregte einen nicht endenwollenden Appetit.

»Ich plante damals einen Abend mit Striptease, die Soiree Pigalle war das.« Meyer erinnert sich und zupft wie ein Schuljunge an dem Schnurrbart über seinen Lippen. »Damals bekam ich großen Ärger mit meiner *grand-mère*. Als sie von dem Striptease hörte, zeterte sie: ›Das kannst du nicht machen. Wenn die Leute im Dorf davon hören, werde ich nicht mehr in die Kirche gehen. Nie mehr!‹«

Die alte Dame spähte am nächsten Tag vorsichtig durch die Gardinen – das Dorf sah aus wie immer, ihr Enkel war noch nicht wegen Anstößigkeit festgenommen. Sie schlich zum Gotteshaus und wurde respektvoll begrüßt, einige nickten ihr sogar anerkennend zu.

»Viele Bekannte hatten zugeschaut und hinterher laut applaudiert, es war ein künstlerischer Striptease«, so Meyer, »kein bisschen schockierend.« Sein Blick wird schelmenhaft: »Es bestand keine Gefahr, schließlich haben wir nur verheiratete Männer hier!«

Kirrwiller, bisher blinder Fleck auf jeder Karte, bekam plötzlich ein neues Selbstbewusstsein. In ganz Frankreich als Ort der Verheißung, der Verführung gefeiert, machten im Zuge des frisch gewonnenen Sexappeals zwei neue Läden auf: der Friseur Coiff Club Luc und die Arto- und Vinothek.

Meyers Show war inzwischen etabliert. Reicht das nicht? Nein, jetzt wollte Meyer eine Music Hall, ein Lido auf dem Land. Die meisten hielten ihn für größenwahnsinnig und übergeschnappt. Selbst sein Vater, der alte Dorfschullehrer, warnte: Setze jetzt nicht alles aufs Spiel.

»Ich musste«, gesteht Pierre Meyer, »wir hatten nicht mehr die Kapazität, unterschiedliche Shows zu zeigen, und irgendwann wird es den Leuten langweilig. Sie wollen nicht über Jahre das Gleiche sehen. Dann hätten wir vor dem Ruin gestanden.«

Die Idee der amerikanischen Music Hall war mehr als eine überspannte Marotte. Sie gewann Kontur, mauserte sich zum Theater mit tausend Plätzen und einer feuerwerkgleichen Lichtanimation. Zwei Restaurants gehören dazu, in denen die Besucher sich im Schein der Lüster die Finger nach Wildenten-*Consommé* oder Filet vom Charolais-Rind lecken. »In Frankreich ist das Essen wichtig«, befindet Meyer und streift durch die stadiongroßen Küchenanlagen. »Das Konzept ist: erst gut zu essen und sich dann in Ruhe die Show anzusehen.«

Nicht von ungefähr erinnert das an römische Ess- und Theatergelage.

Zur Eröffnung reisten Journalisten aus ganz Frankreich an: »Eine Revue auf dem Land«, schmunzelt der Meister, »da malten sie sich Drittklassiges aus: Eine umgebaute Scheune mit mitleiderregendem Programm.«

Die süffisanten Bemerkungen wichen überraschten Berichten und lockten noch mehr Kunden an. Grenzgänger aus Luxemburg, der Schweiz, Belgien und Deutschland. Eine Genießertour durchs Elsass – Schelm, wer dabei nicht allein ans Schlemmen denkt …

Meyers Shows sind prominent, pikant, raffiniert. Strassbedeckte Mädchen, netzbestrumpfte Tänzerinnen, durchtrainierte Artisten agieren vor dem Publikum. Dazu wechselt das Bühnenbild mehrmals am Abend. Brasilien, Rio, New York und Moskau fliegen vorbei, Champagnerkorken knallen, die Luft ist erfüllt von Zigarrenduft, Schweiß und dem Geruch von Entendaunen. Federboen sind die tanzenden Raumdeodorants des Varieté.

Selbst Siegfried und Roy reisten aus Las Vegas an, um den Vergnügungstempel zu inspizieren. Auch mit dem Moulin Rouge und dem Lido in Paris herrscht reger Kontakt. Die Tänzerinnen leiht man großzügig untereinander aus. Charmant zwar, doch wohl wissend, dass man erste Konkurrenz füreinander ist.

Gedenkt Meyer in der Zukunft noch eine weitere Revue zu etablieren? Er rollt die Augen und schüttelt sich: »Oh Gott, nein! Wir haben anfangs überlegt, noch etwas in Strasbourg aufzubauen. Die Leute, die dort abends weggehen wollen, sind in einem Notstandsgebiet. Doch wir fanden nicht das passende Lokal.«

Inzwischen reißt man sich in den Dörfern um den innovativen Unternehmer. Bürgermeister werden zu Bittstellern und schmeicheln dem »großen Monsieur Meyer«.

»Ich kann nicht an mehreren Stellen gleichzeitig sein. Mein Traum ist, was ich habe größer und besser zu machen. Ja, einfach der Beste mit der allergrößten Show zu sein! Ich mag es, Leute glücklich zu sehen.«

Als Glücksbote ist er fast jeden Monat unterwegs, recherchiert und wirbt neue Artisten in China, Monte Carlo oder den USA. Zurückgekehrt besitzt er immer noch die Bodenhaftung, in der hell erleuchteten Eingangshalle die Gäste unerschütterlich gut gelaunt um vier Uhr morgens in den dörflichen Sternenhimmel zu geleiten.

Ein rundherum zufriedener Mensch. So gleicht das ganze Unternehmen – und vielleicht ist es eines seiner Geheimnisse – einer großen Familie aus hundert festen Mitarbeitern und rund vierzig Artisten. Madame Meyer springt nachmittags ein, borgt Blasenpflästerchen, tröstet oder hilft im Souvenirshop, der *boutique*, den Umsatz zu steigern.

Die Künstler wohnen mit den Meyers fast unter einem Dach. Das einstige Gasthaus wurde inzwischen zur Herberge umfunktioniert.

Eine Woche vor Beginn der Show sind die Darsteller angereist. WG-Stimmung: Aus den Zimmern dringt Rumba, Salsa oder russische Volksweise.

In den Aufenthaltsräumen trainieren die Artisten an einer Tischtennisplatte, relaxen in bunten Sesseln und breiten einen Wäscheständer mit Höschen und Frotteesocken aus. Ein Störenfried für Meyers Ästhetiksinn – dezent schafft er ihn weg.

Die Bühne ist das Epizentrum des Unternehmens. Dicke, rote Samtsessel sind wie im Kinosaal aufgereiht. Die Tänzer stellen sich für ein Foto in Positur. Schlanke Männer mit gut durchtrainierter Brust. Den Kopf faunisch in den Nacken geworfen, tänzeln sie übers Parkett.

Dahinter Reihen langbeiniger Damen. Hohe Stilettos, Goldpuschel, Federboen, glitzernde Kleider und Kronen im Haar. Keine Cellulitis, kein Bauchspeck und keine Röllchen verunschönen die venusgleichen Diven. Fast surreal. Das Bild erdet sich erst, als eine Holländerin mörderisch rasselnd zu husten beginnt.

»In der Regel sind die Mädchen nicht älter als 35«, erzählt Meyer, »viele arbeiten später im Reisebüro oder sind als Reisebegleiterinnen unterwegs. Sie haben nach ihrer Karriere gute Chancen auf dem Berufsmarkt, weil sie verschiedene Sprachen sprechen.«

Die meisten Tänzerinnen sind nur für eine Saison hier. Sie stammen aus Belgien, Frankreich, der Schweiz, China, aus Russland oder den USA und tingeln von Engagement zu Engagement. Ein hartes Geschäft, in dem die Zimmer Absteigen, das Essen mehr Gefängniskost als Küche ist.

»Zu uns kommen sie gern«, berichtet Meyer und die Gründe sind offensichtlich: Das Wohnhaus ist weitläufig, jeder hat sein eigenes Reich und wird von den Chefköchen kulinarisch betreut. Manchmal sei die Stimmung so unbeschwert, sagt Meyer, als seien sie nicht zum Arbeiten, sondern zur Sommerfrische hier.

Perfekt. Mit nur einem winzig kleinen Haken. Die Abwechslung tendiert Richtung null.

Kirrwiller ist nicht Weltstadt, noch nicht einmal Weltdorf. Und die Jungs aus dem Ort gleichen nicht Latin Lovers, texanischen Cowboys, Bonvivants oder gewandten Lebemännern. In Kirrwiller muss man kein Casanova sein, denn mangels Möglichkeiten stolzieren die *beautés* der Nacht auf ihren wohlgeformten Beinen tagsüber durchs Dorf.

»Die Männer beklagen sich darüber nicht«, grinst Meyer, »sie schauen sofort, wer neu angekommen ist!« Er räuspert sich. »Es hat sogar schon die erste Hochzeit gegeben!«

Wie zum Beweis des Pretty-Woman-Revivals stoppt ein Paar vor dem Eingang der Music Hall. Ein Motor röhrt, eine dunkle Stimme spricht. Doch es ist weder ein Porsche, noch der grau beschläfte Richard Gere.

Ein Traktor setzt sich schleppend in Bewegung, eine Tänzerin wirft dem Fahrer eine Kusshand zu, verschwindet nicht minder hinreißend als Julia Roberts in die Hall. Ja, nickt Pierre Meyer, nett ist es hier am Tag.

Aber wen interessiert der Tag? Die meisten warten nur auf eins: dass es endlich Nacht wird über Kirrwiller …

Nicht hören, spüren muss man den Klang!

Rémy Mahler, Orgelbauer zwischen Olymp und Finsternis

»Am Ende des Monats bleibt nichts. Am Ende des Jahres habe ich alles gegeben.« Rémy Mahler ist Orgelbauer, einer der letzten Frankreichs, der die gewaltigen sakralen Musikinstrumente noch in monatelanger Handarbeit herstellt. Sie in seiner Werkstatt zu Kirchturmhöhe aufbaut, ja, sie quasi in den Himmel wachsen lässt, damit er die kleinsten Dissonanzen, Disharmonien und Missklänge hören kann. Und er ist einer jener Enthusiasten, die trotz aller Hingabe feststellen, dass am Ende des Jahres nichts bleibt. »Wir sind wie der Dinosaurier, der noch lebt. Unsere Produktion ist sehr aufwändig, man kann sie keiner Maschine überlassen. Jede Orgel ist ein Unikat.«

Schmal, philosophierend, eine Harry-Potter-Brille auf der Nase, die Augen mit einem an der Welt verzweifelnden Blick, schweift Rémy Mahler durch seine Werkstatt. Zinn- und Kupferpfeifen verteilen sich auf den Tischen. Werkzeuge, filigran wie die eines Uhrmachermeisters, sind verstreut. Ein eigener Kosmos, die besondere Welt des *facteur d'orgues*, des Orgelbauers.

Die Ladentür klingelt, vor den Schaufenstern ziehen ein paar Kinder Grimassen, Mädchen und Jungen, die keine Chance in der Gesellschaft haben, wie er sagt. Sie gehen selten zur Schule, lungern gelangweilt auf der Straße herum. »Frankreich endet vor meiner Ladentür, hier drinnen herrschte lange Zeit Anarchie«, gibt Mahler zu. Ein Mensch, schlank und hochgewachsen, der sich immer wehrte gegen das, »was man die Verflachung des Alltags nennt.« Er bezeichnet sich als perfektionistisch, besessen, radikal. Eigenschaften, die seine Passion begleiten: den Orgelbau.

Diesen Beruf gibt es seit der Erfindung des Tasteninstruments im dritten vorchristlichen Jahrhundert. Er durchquerte die Phasen von Industrie und Dekadenz und erlebte in den siebziger Jahren eine Wiedergeburt durch die Restaurierung alter Orgeln. Neuer Atem für das aussterbende Metier. Das Interesse an dem alten Handwerk wurde wieder geweckt.

Doch die Produktion im Orgelbau bleibt eine Herausforderung, denn die Instrumente sind Kunstwerke. »Es ist nicht einfach, für diesen Beruf Nachwuchs zu finden, die Sozialabgaben in Frankreich engen uns sehr ein. Mein 16-jähriger Lehrling arbeitet heute in einem anderen Betrieb. Er sah in mir einen Ausbeuter. Meine Erkenntnisse der letzten zwanzig Jahre konnte ich ihm nicht vermitteln.«

Der Meister wendet sich einer Zeichnung zu. »Ein anderer Mitarbeiter gestand: ›Ich arbeite nur für meinen Lohn.‹ Ich habe danach noch perfekter gebaut, um ihm zu beweisen, dass es andere Sphären gibt.«

Obgleich er sich aufreibt, hat der Perfektionist seine Angestellten nicht mit »dem Gift der Verrücktheit«, wie er es nennt, angesteckt. »Die meisten meinen, ich sei verrückt, weil ich mich hundertprozentig einsetze, für einen Traum, für eine Idee, weil das Geld nicht wichtig ist.«

Seit dreißig Jahren baut Mahler Orgeln. Sein Vater war in der Kirche Chorleiter und Rémy begann schon früh Orgel zu spielen. Später ging er zu einem Orgelbauer nach Strasbourg. Der Betrieb war heruntergewirtschaftet, stand kurz vor dem Aus. Gemeinsam mit dem Juniorchef rettete Mahler das Unternehmen. »Schon damals hatte ich die perverse Neigung, alles immer besser machen zu wollen. Für einen selbst ist es fabelhaft, aber die Umgebung leidet darunter.«

Heute entwirft er seine Instrumente nach alten Techniken und ist ein gefragter Mann. Mahler-Orgeln klingen im Bistum Speyer, in Berlin, in Paris, in den Pyrenäen und im Elsass. Gesamtkunstwerke, so kompliziert wie ein Kirchenschiff zu bauen. Mahler ist Intonateur, Tonschöpfer, Baumeister, Architekt, Statiker und Akustiker zugleich.

In Strasbourg gibt es die nationale Berufsschule für den Nachwuchs. Der Orgelbauer Rémy Mahler zählt zwar zu den Gründungsmitgliedern, bleibt aber kritisch: »Sie probieren viel zu wenig aus. Sie lernen dort nicht, dass die Pfeife eine Welt ist, der Ton eine Welt ist! Sie haben Angst, etwas Neues zu probieren und die Regeln zu durchbrechen.«

Er berichtet von einem Lehrling, der über gute Ohren verfügte, aber feststellen musste, dass es in diesem Beruf nicht allein ums Hören, sondern auch um das Spüren, das Fühlen der Klangfarbe geht. Um Experimentieren und Entwickeln. Und um Mut. Risikobereit, wie Einstein es bei der Suche nach der berühmten Formel $E=mc^2$ war: allein, aber voller Enthusiasmus und Energie.

»In der Schule lehrt man Althergebrachtes, zerstört den Genius, erreicht nicht mehr die Spitze. Wenn ich auf den Gipfel komme, kann der angebliche Experte den Weg dorthin nicht einmal nachvollziehen.«

Es gibt auch Geschichten, die Mahler versöhnen, die ihn für einen kurzen Moment nicht mehr zweifeln lassen an der Welt. Zum Beispiel die über den alten Mann, der in die Kirche kam, Mahlers Orgel vernahm und das gewisse Etwas heraushörte. Dem die Tränen in die Augen stiegen angesichts des vollkommenen Tons.

Er konnte die Arbeit eines ganzes Jahres nachfühlen. Denn so lange dauert der Bau einer mittelgroßen Orgel und zehn Mann braucht man dazu. Die Mechanik ist der diffizilste, der chirurgischste Teil und diese Feinarbeit wirkt sich auf den Preis aus. Das Instrument ist fast unbezahlbar. Finanzierbar nur durch Fördervereine, die lange Zeit dafür sparen. Wirklich umrechnen lassen sich Energie und Arbeitskraft nicht, das würde den Rahmen sprengen. Der einzige Weg zu überleben, bleibt die Firmenphilosophie: »Ja, ich muss schneller arbeiten und trotzdem muss alles noch perfekter sein«, sagt Mahler und ist von sichtbarer Unruhe gequält. So, als bliebe nicht mehr viel Zeit.

»Man könnte auch industriell arbeiten«, er wischt den Gedanken fort wie einen bösen Traum, »aber dann hätten die Produkte kein Innenleben mehr. Und mir ist es auf meine Weise gelungen, einigen meiner Orgeln eine große Seele zu geben.«

Er sagt es ohne Attitüde, mehr nebenbei.

Mahler ist bekannt für seinen Stil. »Die Leute sind glücklich, weil meine Instrumente aussehen wie alte Orgeln. Das Besondere ist, dass es keine gerade Linie gibt, das ist die Ästhetik von damals. Heute ist die Zeit der geraden Linie. Wenn man eine natürliche Linie hat, bekommt man jedoch ein besseres Gefühl.«

Spricht er über Orgeln, vergleicht er sie mit Häusern. Mit einem Unterschlupf, der es ermöglicht, warm und trocken, glücklich im Inneren zu bleiben. Für den Besucher ist dieses Domizil eine verwunschene Welt: blitzende Lippen- und Zungenpfeifen, Ventile, Pedalwerke und Blasebälge. Ornamentik, Schnitzwerk, dunkles Holz. Seine Orgeln sind Kunstwerke, Klang gewordene Fantasien. Man erhält den Schlüssel zu einem akustischen Garten, der bei Betreten in einen Klangrausch versetzt.

»Ich wünschte mir, dass morgens um drei Uhr jemand vorbeikommt, dem ich zeigen kann, was ich in der Nacht Geniales entwickelt habe«, sagt

Mahler, »denn meine Arbeit ist kreativ, aber die Kreativität kann nicht mitgeteilt werden, die große Kreativität steckt in den Instrumenten.«

Er steigt in eines der Häuser, eine Kirchenorgel, mindestens sechs Meter hoch und mit so viel Holz versehen, wie ein Zimmermann es für einen Dachstuhl bräuchte. Ein kolossales Werk. Serien hat es für diese Instrumente nie gegeben, sie sind und bleiben immer Einzelstücke.

»Es ist Benutzern wie Liebhabern unbekannt, wie Orgeln innen funktionieren.« Mahler klettert hoch zur Empore, wo die Register, die Pfeifen gleicher Bauart, vereinigt sind. »Ich höre oft: ›Ach, sie sind Orgelbauer, da müssen sie ein gutes Gehör haben, Musik machen.‹ Beides trifft nicht zu, ich bin ein guter Mechaniker und habe drei Sinne. Mit den Augen sehe ich eine Kiste, mit den Ohren höre ich den Ton, doch die Mechanik mit den Händen bleibt die wichtigste Arbeit, sie kostet die meiste Zeit.«

Dass er kein außergewöhnliches Gehör hat, scheint für Mahler eher ein Vorteil zu sein. »Denn wenn ich etwas nicht höre, kann ich es nicht zerstören«, erklärt er. »Das Geniale ist so zerbrechlich, es ist auch schnell ruiniert.«

Etwa tausend bis dreitausend Pfeifen verleihen der Orgel ihren Klang. Die Tasten, die Nervenleitungen des Menschen zum Instrument, haben nur sechs Millimeter Spiel. »Diese kleinen Tasten müssen dem Organisten ein Gefühl geben. Und man kann es hinkriegen, auf so einer Taste und vor so einem Monster ein Gefühl spürbar zu machen. Ich arbeite dabei immer mit hohem Risiko, wie auf Eis. Wenn Orgelbauer sicher bauen, ist jedes Empfinden verschwunden.«

Wenn Profis auf seinen Instrumenten musizieren, spielen sie nicht, sondern tanzen, fliegen, schnellen über die Tasten, drehen Pirouetten, überschlagen sich, genießen das unerhörte, ungewöhnliche Gefühl eine neue, alte Orgel zu betätigen. »Die Leute denken immer, dass ich große Studien gemacht habe. Aber ich baue nur, was ich spüre.«

Orgeln wurden einst zur musikalischen Ausschmückung der Liturgie hergestellt – aber für die heutige Musik? »Die Orgel war ein Werkzeug und sie hat eine große, musikalische Kultur eingeleitet. Aber das Kulturleben ist vorbei.« Mahler zuckt die Schultern. »Man versucht die Orgel durch Konzerte zu retten. Doch wenn der Klang einmal vernichtet ist, ist es wie mit der Seele – hoffnungslos.«

Er schreitet durch die Räume der Werkstatt. Dort, wo das Tannenholz dicht bis unter die Decke gelagert ist, durch die Schmiede, in der noch die Kohlen glühen, vorbei an den Feinwerkzeugen bis hin zur Ladentür. Er schließt für heute.

»Ich dachte vor zehn Jahren, man kann glücklich sein mit dem Handwerk. Ich weiß nicht, ob ich das Glück gefunden habe.« Er hält inne, »Schwierigkeiten zerstören Menschen, aber führen sie auch zur Genialität. Sich aufzureiben für die Vollkommenheit.« Er nimmt die Brille ab und reibt sich die müden Augen. »Hätte ich ein schönes Leben, Mitarbeiter, die perfekt sind, dann würde ich vielleicht keine guten Instrumente bauen.«

Der Storchenflüsterer des Bas-Rhin

Vogelvater Alfred Schierer hat's geschafft: Meister Adebar nistet wieder

Die Anweisungen am Telefon waren präzis: »Ich gebe Ihnen die Koordinaten: Sie fahren durch den Ort, biegen an der schmalen Straße rechts ab und steuern steil hoch!«

Die asphaltierte Straße endet, wo des Bürgermeisters Villa steht, mündet in einen holprig-steinigen Schotterweg und führt zu dem Mann, der sich seit über 55 Jahren für die Wiederkehr der Störche im Elsass einsetzt: Alfred Schierer.

Sein Domizil thront am Bergrücken. Ein dunkles Holzhaus, von einem Netz grüner Verdrahtungen umgeben. Alfred Schierer kennt den fragenden Blick: »Das sind Vogelfallen«, erklärt er verlegen bei der Begrüßung, »ich beringe nicht nur Störche, sondern auch Wildvögel.«

Der Storchenflüsterer ist 75 Jahre alt. Ein dichter, hellgrauer Haarflaum zieht sich über seinen Kopf, dazu der Schnauzbart, die buschigen Augenbrauen, der kleine Bauch, gepaart mit einem elastischen Schritt – das verleiht ihm die Aura eines fröhlichen Weihnachtsmannes.

»Sie kommen in das Haus eines Junggesellen.« Er hebt entschuldigend die Schultern, geht vor durchs Wohnzimmer, ein aufgeräumtes Reich, in dem die Sofas Schonbezüge tragen, und schnallt sich dabei sein portables Telefon um. Er führt seine Erfindung vor: eine aufgeschnittene Tupperdose trägt er leger wie eine Handytasche am Gürtel. Alfred Schierer ist kein Verfechter von Technik und Moderne. In seinem Arbeitszimmer stapeln sich Aktenschränke bis unter die Decke: Die Lebensläufe von über dreitausend Störchen sind penibel auf Karteikarten dokumentiert. Dazu gibt es detaillierte Angaben zu jedem einzelnen Nest, von denen es zur Zeit etwa zweitausend im Elsass gibt. Manchmal ist dort nur ein Satz zu finden, dann wiederum verketten sich die Aussagen zu wahren Doktorarbeiten – je nachdem wie lange das Vogelleben währt. Einen Computer braucht und will er für diese Arbeit nicht. »Bei einem eiligen Anruf bin ich dreimal schneller als ein PC.«

Schierers Interesse für Meister Adebar begann früh. Als andere junge Männer Mädchen zum Tanzen entführten, schwang er sich aufs Fahrrad, um der Vogelliebe nachzugehen.

»Ich vermute, das ist eine erbliche Belastung. Mein Vater war Imker, liebte die Bienen. Bei mir fiel das Interesse auf die Störche. Es entwickelt sich langsam«, er überfliegt ein noch ratterndes Fax, »dann steigert es sich, bis man verbissen wird.«

Verbissen ist Schierer heute nicht mehr. Nur genau. Sehr genau. Sein Archiv hält er auf dem neuesten Stand, ständig treffen Nachrichten von Storchen-Patrouillen aus der Schweiz, Deutschland, Polen, Südspanien, Italien und Nordafrika ein. Nur das mehrfach Bestätigte wandert weiter in seine Datenbank.

Sein Leben hat er den Störchen gewidmet und so sind kleine Analogien zwischen Schützlingen und Schutzpatron offenbar nicht mehr zu vermeiden: »Ich mag die Eigenarten dieses Tieres. Es hat nicht das schwirrende Auf und Ab eines Singvogels. Der Storch steht einfach gravitätisch in seinem Horst und wartet ab. Ruhig, nicht aufregen, ist seine Mentalität – und das ist auch meine.«

Lange Zeit lebte Meister Adebar im Elsass wie im Paradies. Über Jahrhunderte waren die Flussauen prall gefüllt, luden mit üppigen Buffets aus Lurchen, Fröschen und Insekten zum Schlemmen ein.

Auch die Dorfbewohner liebten das sonderbare Tier: Baute der Storch sein Nest auf Dächern und Scheunen, glaubten sich die Bauern vor dem Blitzschlag sicher.

In ganz Europa galt der gefiederte Rotschnabel als Zeichen für Nachwuchs und Fruchtbarkeit. Im Elsass wurde die »Primaballerina« sogar zum Wappentier gekürt. Als die deutschen Mannen mit Pickelhauben einmarschierten, lüpfte Adebar nur unbeeindruckt sein Bein. »Man sagt, das Klappern war vom Haut- bis zum Bas-Rhin zu hören – aber das sind moderne Märchen«, fügt der alte Mann ein. »Damals lebten vielleicht viertausend Störche hier.«

Quietschend öffnet sich eine Schublade: Schierers Fotoarchiv. Die ersten Schwarzweißbilder stammen aus den siebziger Jahren, als die Zahl der Weißstörche im Elsass gegen null sank. Der stolze Vogel war dem Aussterben nah. Die Feuchtgebiete wurden trocken gelegt, Flüsse begradigt und der Märchenvogel mit Schrotflinten gejagt.

Alfred Schierer arbeitete damals noch in Strasbourg, als Forschungsingenieur. »Ein molekularer Selfmademan«, wie er lachend sagt. Inzwischen hatte er geheiratet, nicht ohne sich vor der Hochzeit bei der Auserwählten zu versichern, dass die »Storchengeschichte« danach weitergehen könne. Er streicht sich mit den Händen die Haare glatt: »Sie war gutgläubig und sagte trotzdem ja.«

Mit seiner Frau bewohnte er damals einen Strasbourger Plattenbau. Dort fasste der Ornithologe zur Rettung der Störche einen folgenschweren Plan: er ließ Paare aus Marokko einfliegen, um sie im Elsass zu etablieren. »Störche kennen keine politischen Grenzen und haben keine Pässe«, kommentiert er und verschweigt nicht die Attacken derer, die ihm vorwarfen, die Gene des waschechten, elsässischen Storches manipuliert und verfälscht zu haben.

»Wir haben damals eng mit den Schweizern zusammengearbeitet. Wenn wir nicht aktiv geworden wären, sähen sie heute keinen einzigen Storch mehr in diesem Gebiet!«

Inzwischen weilen im Departement Bas-Rhin wieder an die 130 freibrütende Paare. Im Ober-Elsass könnte es ähnlich sein, aber er stöhnt:

»Aus Gründen der Werbewirkung zählen sie die Tiere im Gehege mit.«

Dort bleiben die Jungstörche bis zur Brutreife von drei Jahren. Wenn sie ausgewildert werden, paaren sie sich mit wilden Störchen. »Dadurch bleibt der Zugdrang erhalten«, erklärt Schierer.

Der betagteste Adebar, den der Vogelschützer aufspürte, zählte dreißig Jahre. Ein Methusalem und ein alter Bekannter dazu. Schierer hatte ihn als Jungstorch eigenhändig beringt. »Das ist eine besondere Freude zu sehen, wie lange der Kerl es ausgehalten hat«, sagt er und seine Augen glänzen.

Und wie unterscheiden sich die Lady und der Gentleman der Lüfte? Er lächelt verschmitzt: »Das weiß man nicht so genau. Zur Geschlechtsbestimmung muss man mindestens zwei Kopulationen beobachten – weil bei Störchen komische Dinge passieren.« Diskret weist er damit auf die Versuche männlicher Jungstörche hin, sich gegenseitig zu begatten.

Die Beobachtung der Tiere gehört zum Alltag des Ornithologen ebenso wie das Beringen. Über Schierers Arme sind kleine Verletzungen und Pflaster verteilt. Eine Landkarte scharfer Schnäbel?

»Das kann schon mal vorkommen«, sagt er in seiner bedächtigen Art, »aber normalerweise fallen die Tiere bei der Beringung eher in Akinesie, sie stellen sich tot.«

Rund dreitausend Störche hat Schierer inzwischen markiert, um ihre Vita zu dokumentieren.

In der Schweiz setzt man lieber auf Technik, die Satellitentelemetrie. Der Storch trägt dabei einen Peilsender wie einen modischen kleinen Rucksack auf dem Rücken. Dieser ist nicht größer als eine Streichholzschachtel, rund 55 Gramm schwer und gibt regelmäßig Impulse an einen Satelliten ab.

Mit seiner Hilfe überwachen die Forscher in Orwell-Manier jede Flugveränderung, registrieren, wo ihre Vögel pausieren oder gelandet sind. Ziel ist, die Sicherheit der Zugrouten zu verbessern, damit die Tiere unverletzt in ihre Brutgebiete in der Schweiz und im Elsass zurückkehren können.

Schierer mag es lieber konventionell: »Für einen Ring bezahle ich nur zwei Euro und er hält ein Leben lang. So ein Sender ist natürlich moderner, spektakulärer, kostet das Hundertfache – aber mehr Daten bekommen sie über die Störche auch nicht.« Kürzlich musste das Satellitenprojekt sogar eingestellt werden. »Es war nicht mehr finanzierbar«, ergänzt er.

Rund ein Viertel der Störche überlebt die Reise in den Süden nicht. Die meisten verenden jämmerlich an Strommasten. Schierer zeigt die Fotos toter Kadaver. »Schlimm sind die Mittelstromleitungen mit 25 KV, da sind die Leitungen so nah, dass die Vögel sie mit den Flügeln berühren müssen.«

Gefahrenpunkte sind auch offene Müllhalden – Störche lieben es dort zu stöbern. Deponien zählen inzwischen zu den wichtigsten »Nahrungsbiotopen« der Weißstörche. Ein Schlaraffenleben mit Gefahr, denn auf der Suche nach »Köstlichkeiten« verheddern sich die Vögel in Plastikschnüren, verschlucken im Eifer des Gefechts Metall- oder Gummiteile und werden innerlich oft schwer verletzt.

Fast märchenhaft muten dagegen die Begegnungen zwischen Mensch und Tier auf der Zugroute an. Im Städtchen Latour-de-France, nördlich der Pyrenäen, ließ sich während der Abendmesse ein Schwarm von fünfzig Störchen auf dem Dach der Kirche nieder. Gibt es ein gewaltigeres Gotteswort? Die Leute traten ungläubig aus dem Portal und tanzten vor Freude auf den Straßen.

In der spanischen Extremadura kann es dagegen lästig werden. Die dort ansässigen 7500 Paare plündern Müllkippen, schlagen ihr Camp auf Rathäusern, Kirchen und Polizeistationen auf. Horste entstehen neben Kaminen und Antennen und verhindern nicht nur in zahlreichen Haushalten den Fernsehempfang, sondern blockierten monatelang die Himmelsobservation an der Hochschule von Mérida. Allein die Kirche von Malpartida ist mit 39 Vogelquartieren gesegnet. Das Städtchen behauptet seit Jahren unangefochten den Titel »Europäische Storchenstadt«.

Auf einen ähnlich schmückenden Rang haben es offenbar auch elsässische Politiker abgesehen. »Sie sähen am liebsten auf jedem Dach ein Storchennest«, Schierer zieht die Mundwinkel herunter, »das ist natürlich nicht möglich.« Die Versuche, das Tier zu kommerzialisieren, sind ihm ein

Dorn im Auge, ebenso wie die zahlreichen Vogelgehege, die nur Touristen locken. »Natürliche Lebensräume wie Feuchtwiesen und renaturierte Flussauen sind nach der Populationssicherung viel wichtiger! Von der Politik werden versprochene Subventionen nicht eingehalten. Viele Gehege schließen nach kurzer Zeit. Man will nur kassieren, egal, was später mit den Tieren passiert.«

Nicht minder ärgert den Storchenvater die Situation am Ecomuseum von Ungersheim. »Dort werden die Vögel angefüttert, damit sie nicht auf Nahrungssuche gehen, sondern dekorativ vor Ort bleiben. Fährt man auf den Parkplatz, kommen sie wie Zirkustiere angehüpft.«

Eher als harmloser Kalauer erscheint ihm der Kommerz der Souvenir-Industrie: Plüschstörche baumeln zu Tausenden in elsässischen Geschäften. Ihr Dasein ist keine Frage für den Artenschutz, »denn ihre Schwanzfedern sind schwarz, im echten Leben sind sie weiß«, schmunzelt er.

Angetan ist der Storchenmann von den ehrenamtlichen Aktionen. »Wenn sich die Leute wirklich für die Tiere einsetzen. Das fängt im Kleinen an, beginnt zum Beispiel bei Supermärkten, die die nicht verkauften Fische spendieren.«

Zahlreiche Störche stolzieren heute auch auf dem Rathaus in Munster, »die Ausstellungsstörche«, wie Schierer sie bezeichnet. Sie putzen ihr Gefieder, reparieren hingebungsvoll die Nester. Diese Horste werden mit bis zu tausend Kilogramm fast kleinwagenschwer und es ist nicht selten, dass ein Giebel unter Storchens Villenarchitektur zusammenbricht. Jüngst wurde ein Nest so gewaltig, dass es hinunterstürzte und dabei eine alte Dame verletzte.

»Noch ist Adebar im Elsass gern gesehen«, warnt Schierer, »aber wenn es mit der künstlichen Zucht so weitergeht, wird sich das schnell ändern. Jetzt munkeln manche schon: Ach, die machen so viel Dreck, die Dachrinnen sind verstopft.«

Er lacht: »Denn wo ein Storch hingackst, wächst kein Moos mehr – aber man könnte darin auch einen Vorteil sehen!«

Vorm Hotel de la Cigogne in Munster lüpft ein Plastikstorch das Bein für die Gäste. Fällt der Blick aufs Dach, blitzen scharfe Verdrahtungen auf dem Giebel, die das Nisten der echten Artgenossen verhindern sollen.

»Doch keiner weiß genau, wo es dem Vogel einfällt zu brüten. Die Tiere bauen an den verrücktesten Stellen ihre Nester. Es ist die reinste Lotterie.«

Bei Storchens selbst geht es geordneter zu: Das Paar bleibt sich in der Regel treu, Scheidungsanwälte kennen Störche nicht.

Meister Adebar ist ein typischer Nesthocker und liebt dazu seinen angestammten Platz. Meistens kehrt er in seinen Horst zurück, um dort die hundert Gramm schweren Eier zu legen. Danach haben die Eltern alle Schnäbel voll zu tun, den Nachwuchs über die ersten acht Tage zu bringen. Jungstörche vertilgen täglich rund vierhundert

Gramm Essbares, um mit zweieinhalb Monaten ein Gewicht von vier Kilo zu erreichen. Erst dann sind sie kräftig genug, die Eltern beim Zug Richtung Afrika zu begleiten.

Die Nomaden der Lüfte mit einem Motorsegler auf ihrer Reise zu flankieren, wäre Alfred Schierers Traum. Aber auch nur ausgesprochen, kommt er ihm schon unerreichbar vor. Er verschwindet, kehrt mit Jacke und Fernglas zurück. Es ist Zeit für die Abendpatrouille. Er zieht die Schultern hoch und bemerkt fast entschuldigend: »Jeder hat halt seinen Vogel.« Und klappernd, den Blick zum Himmel gerichtet, schwingt sich der Storchenflüsterer aus dem Haus.

Knusprig muss sie sein …

Ob Ente, Gans oder Fasan – alle fliegen auf Glassers Pasteten

Mitten in der *vielle ville*, in der Altstadt von Colmar, thront des Pastetenmachers Domizil. Ein altes Haus, so knorrig und knusprig, dass man vor seinen Schaufenstern wohlig innehält. Wahr gewordenes Schlaraffenland! Berge duftender *patés* schlummern dort ab dem frühen Morgen und sind spätestens am Nachmittag wie von Zauberhand verschwunden.

Olivier Glasser ist ein Pastetenmacher wie man ihn sich wünscht. Einer, der aussieht, als käme er schnurstracks aus dem Märchen. In einer weißen Kochjacke, mit aufgeräumt-heiterem Gesicht, regiert er über eine Institution. Ein Laden, der nicht größer ist als eine säuberlich aufgeräumte Garage. An den blitzweiß gekachelten Wänden baumeln Schinken und Würste, in den Vitrinen schmachten *patés* und *terrines*.

In der dritten Generation ist Glasser der Pastetenmacher der Stadt. Schon sein Großvater stellte die Delikatessen nach geheimen Rezepten her und war der Erste, der die Schlemmerei nach Colmar brachte.

Eine gute Pastete? »Der Rand muss knusprig sein«, beschreibt Olivier Glasser, während er sich die Hände reibt, »eine Entenpastete zum Beispiel wird mit Petersilie und Zwiebeln vorsichtig gebeizt und soll natürlich nach Ente schmecken!«

Er klimmt die steile Stiege zur Küche empor. In dem denkmalgeschützten Haus, das 1381 gebaut wurde und ursprünglich eine Kupferschmiede beherbergte, werden die Pasteten frisch gebacken, etwa zwanzig bis dreißig Stück am Tag.

Nicht ganz ohne Schwierigkeit, denn Küche, Backofen und Kühlkammern sind auf drei Stockwerke verteilt.

»Bei der Herstellung laufen wir immerzu treppauf und -ab«, erzählt Glasser, während er sich durch den schmalen Treppengang schlängelt, »das wäre ein Grund, einen anderen Platz für unsere Produktion zu suchen. Aber ich hoffe, das bleibt uns erspart. Es wäre schade um das alte Haus.«

Noch heute werden die Pasteten nach alter Tradition und den Rezepten des Großvaters hergestellt, jedoch mit Konzessionen an den Zeitgeist. »*Grand-père* benutzte sehr viel Schnaps, das reduzieren wir. Das Schweinefett ersetzen wir durch Butter – es gibt einen feineren Geschmack.«

So entstehen die Königinnen der Pasteten, wie sie schon Zwerg Nase unter dem Namen »Souzeraine« erfand.

Das feine Mus im leichten Teigmantel war für Gourmets immer eine der gefragtesten Speisen. Im Spätmittelalter boten Pasteten dazu noch Unterhaltungswert. Bei Festgelagen verbarg man unter den Blätterteighüllen lebende kleine Singvögel, die beim Anschneiden zur allgemeinen Belustigung durch den Saal schwirrten. Im 14. und 15. Jahrhundert soll es üblich gewesen sein, Zwerge in den essbaren Hüllen zu verstecken. Einmal war es gar ein comedian-harmonists-reifes Quartett, das den geladenen Gästen im Knabensopran Couplets entgegenschmetterte.

Pasteten waren damals so feudal und verschwenderisch wie das höfische Essen jener Zeit. Die königliche Küche in Paris verkochte im 14. Jahrhundert zur luxuriös-fürstlichen Völlerei ganze Tierherden und Vogelbestände. Der Wochenbedarf umfasste 496 Schafe, 70 Stück Großvieh, 70 Kälber, 63 Schweine, 17 Pökelschweine, 1521 Ziegen, 14.900 Hühner, 12.390 Tauben und 15.111 Jungggänse.

Gezählt sind die Tage, an denen bei Banketten ein ganzes, gebratenes Tier mit Apfel im Maul serviert wird. Opulente Gelage stoßen heute eher ab. Immer mehr Menschen fühlen sich unbehaglich, wenn sie Fleisch, den Geruch von Blut, Innereien oder Knorpel wahrnehmen. Vielleicht ist das eines der Geheimnisse der modernen Pastete. Unter ihrem zart gebräunten Blätterteig wirkt sie wie eine fleischlose Speise. Ist dazu so exklusiv, dass sie kein Allerweltsnahrungsmittel ist. Sie spricht die Sinne an, ohne das Schuldgefühl zu belasten.

Glasser, der seine Ausbildung unter anderem beim französischen Gourmet-Papst Bocuse absolvierte, lässt sich heute auch zu vegetarischen

Pasteten inspirieren, beispielsweise in Indonesien. »Die neuen Gewürze reizen mich ebenso wie das Kochen ohne Fett. Ich produziere im Sommer gerne Pasteten ohne Fleisch, nur mit Gemüse, Kardamom, frischen Kräutern und Gewürzen.«

Wichtig für seine Köstlichkeiten ist frische und hochwertige Ware. Die Kräuter und das Gemüse stammen aus dem eigenen Garten. Das Kalbfleisch aus dem Limousin, die Schweine aus dem Elsass, das Geflügel aus Betrieben bei Strasbourg. Die Enten werden aus den Pyrenäen und die Gänseleber aus Israel eingeflogen.

»Das Elsass verbraucht bis zu zwölf Tonnen Gänseleber im Jahr, ich verwende ungefähr zweihundert Kilogramm im Jahr«, überschlägt er kurzerhand.

Die Nachfrage nach Gänsestopfleber ist in Frankreich ungebrochen. Schon längst reicht die eigene Produktion nicht mehr für das Verlangen nach der edlen Speise aus. Das Périgord und die Gascogne, Hochburgen der Stopfleberprodukte, stehen immer noch für Qualität, aber die Nachfrage wird zusätzlich durch israelische Produkte abgedeckt.

Das Essen von Geflügelleber hat nicht nur in Frankreich Tradition: Schon vor 4500 Jahren machten sich die Ägypter den Fresstrieb der Gänse zu Nutze. Mästeten sie, um später die begehrte Fettleber zu genießen. Auch die Römer waren dem Leckerbissen verfallen. Mit Nudeln aus Gerste, eingeweichtem Weizenbrot, Feigen und Datteln fütterten sie Gänse, Enten und Pfauen an.

Dass das Stopfen der Tiere nicht nur qualvoll, sondern auch unnötig ist, wurde von Wissenschaftlern nachgewiesen. Stellt man Futter in unbegrenzter Menge zur Verfügung, essen sie sogar mehr.

Auch Olivier Glasser ist nicht angetan vom Stopfen. »Aber Frankreich ohne Gänseleber? Das ist einfach nicht vorstellbar, in jedem Land gibt es unsere Gänseleber. Sie ist nicht zuletzt ein wichtiges Exportprodukt.«

Auch die berühmte Gänseleberpastete aus Strasbourg hätte ohne sie nie das Licht der Welt entdeckt. Als *Hors-d'œuvre*-Variante erfand sie 1782 ein Koch namens Jean Joseph Close. Sieben Jahre später stellte er in der ersten Pastetenbäckerei Strasbourgs die Feinkost auch dem Volke vor.

Was die Gänseleber-*Paté* für die Europastadt, ist in Colmar die Pastete Bartholdi. Sie ist von Olivier Glasser höchstpersönlich entwickelt – zu Ehren des Bildhauers Frédéric Auguste Bartholdi. Der Künstler aus Colmar schuf ab 1876 in rund zehnjähriger Arbeit die 46 Meter hohe »Lady Liberty«, die Freiheitsstatue für den Hafen von New York.

Die ihm gewidmete Pastete gehört zu den kulinarischen Juwelen in Glassers Auslage: gefüllt mit einer flockenleichten Masse aus Enten- und Gänseschaum wäre sie den Einzug ins Bartholdi-Museum von Colmar wert.

Berühmt ist Glasser auch für weitere Kreationen. Einzigartig die Pastete mit Pinot noir, Kaninchen, Kardamom und Curry, zu der er einen Gewürztraminer empfiehlt. Ebenso sehnsüchtig erwartet: die *paté* aus Entenfleisch und Nüssen, abgerundet mit dem Beaujolais nouveau, der am 3. November des Jahres wie eine Welle über Frankreich schwappt. »Ich richte mich nach den Jahreszeiten«, erklärt der Pastetenfürst, »leichte Geflügelpasteten mit Spargel und einem Hauch von Muskat im Frühjahr. In der Wildsaison Fasan mit Orangenschale und trockenem Silvaner.«

Ob er die Leckerbissen selbst noch isst? Olivier Glasser schnalzt: »Natürlich, immer wieder! Weihnachten ohne selbst gemachte Pasteten wäre bei uns gar nicht vorstellbar!«

»Ein Arsch ist ein Arsch. Das ist der Schrei des Herzens«

Kabarettistin Huguette Dreikaus blickt tief in die elsässische Seele

Im Wohnzimmer läuft der Fernseher, tickt eine alte Standuhr, schimmert ein gläserner Couchtisch, unter dessen Platte orangefarbene Zierfische ihre Bahnen ziehen. Ein Couchtisch als Aquarium?

»Wir mögen Fische«, grinst die Dame des Hauses, »besonders gebacken und frittiert.« Lebendige, braune Augen, ein schwarzes, knöchellanges Kleid und kurzes, kastanienrotes Haar. Huguette Dreikaus ist ein Energiebündel: Zwanzig Kolumnen schreibt sie in der Woche, mindestens sechs Stunden am Tag verbringt sie am Schreibtisch.

Inzwischen hat die Power-Kabarettistin, deren Wahlspruch lautet: »Nix saawe. S'mache!« (Nicht lange herumreden, es tun!), ihr sechstes Buch veröffentlicht, arbeitet an Drehbüchern, Hörspielen und tritt mit eigenem Programm in der Strasbourger Kleinkunstbühne Choucrouterie auf. »Allerdings nicht mehr im Ensemble«, unterstreicht sie, »von diesem Gurutum habe ich mich ideologisch gelöst.«

Huguette Dreikaus ist die prominenteste Kabarettistin der Region und gilt als scharfzüngige

Beobachterin der elsässischen Lebensart. Sie selbst bewohnt kein geranienüberquellendes Fachwerkhaus, sondern ein Objekt an einer gut befahrenen Straße bei Haguenau. »Aber nichts gegen Geranien«, funkelt sie und nimmt an ihrem großen Küchentisch Platz. »Vor zwei Jahren kam einer aus Paris, der sagte: ›Haben die Elsässer keine andere Vorliebe als immer nur Geranien?‹ Das hätte fast eine Revolution gegeben, einen Lynchmord! Die Geranie ist ein Symbol hier und alle Leute mögen sie.«

Der Blick von Dreikaus' Küche führt direkt in den Garten. Ohne Blütenschmuck, dafür mit verwilderten Obstbäumen. Auf der Küchenanrichte thronen eine entblätterte Babuschka und antike Puppenmöbel, Erinnerungen an ihre Jugend in Dauendorf. »Meine Eltern betrieben eine Kneipe«, erzählt sie und beschreibt die Bühne des Lokals. »Das Leben von hinten zu sehen, hat mir damals schon gefallen.«

Heute besitzen ihre Auftritte Ereignischarakter und sind fast immer ausverkauft. Beinahe jeder Elsässer kennt die Frau, die in Schwarz gekleidet auf der Bühne steht oder für *Radio France Alsace* ihre Kolumnen auf Elsässisch spricht.

Elsässisch ist ihre »Heimetsproch«, ihre Muttersprache, ein Dialekt, der vereint. Man schwadroniert in den Dörfern, in der Bäckerei, mit den Nachbarn, den Handwerkern oder der Familie. Knapp sechzig Prozent der rund 1,6 Millionen Elsässer sprechen und verstehen die Mundart. Ein fränkisch-alemannischer Dialekt mit Nähe zum Jiddischen. In seiner farbigen Vielfältigkeit ist er vergleichbar mit dem Gälischen: Ein richtiger Gälischredner benutzt in seinem Leben nie zweimal das gleiche Wort. Offensichtlich geht es dem Elsässer nicht anders.

»Meine Großmutter war eine kräftige Frau«, erinnert sich Huguette Dreikaus, »eine Frau mit viel Persönlichkeit und Talent zum Sprechen. Sie hatte einen Wortschatz – der war feudal. So viele Wörter hat man als einfacher Mensch nicht. Wenn sie im Affekt etwas gesagt hat, dann hat sie die Sache immer dreimal ausgesprochen. Mit drei verschiedenen Ausdrücken.«

Erst später bemerkte die Kabarettistin, dass sich die *grand-mère* der Rhetorik des römischen Staatsmannes und Schriftstellers Cicero bediente. Der begnadete Redner hatte die Angewohnheit, seine Vorträge mit Synonymen sinngleicher Worte zu würzen. Talentiert, genial, begnadet: Dreikaus' Großmutter pflegte nicht anders zu parlieren.

Das Elsässische wurde oftmals totgesagt. Doch in den Familien bleibt es lebendig und wird weiter tradiert.

»Die Kultur und die Erbschaft geht von Mutter zu Mutter«, bestätigt Huguette Dreikaus, »das ist eine Babuschka-Sache. In unserer Familie geht alles von Mutter zu Mutter. Wir haben eine sehr enge Verbindung zu den Frauen vor uns. Als ich beim Funk meine Glosse hatte, musste ich jeden Tag für eine Viertelstunde Text schreiben. Ich habe auf Wörter zurückgegriffen, die ich in mir hatte. Ich hatte sie nie benutzt, aber ich suchte in meiner Erinnerung und da entstand ein wahres Feuerwerk. Meine Oma ist wieder gegenwärtig gewesen, mit all ihren Ausdrücken.«

Die Reaktionen auf ihre Kolumnen waren für den Sender überwältigend. Leute aus der gesamten Region fühlten sich erinnert: an Begriffe aus der Kindheit, verborgen wie unter den Schichten einer Zwiebelhaut. »Das war etwas Magisches«, sagt Dreikaus, »die Wörter waren wie in einer Sparbüchse verwahrt und sind wieder zum Vorschein gekommen.«

Ins Licht trat auch das Aufgebot an Schimpfwörtern, das dem Elsässischen einst den Ruf einer Bauernsprache verlieh. Sie zur tumben Schwester des Französischen werden ließen, das als kultivierter Ausdruck der Stadt und der Bessergestellten galt.

Die Künstlerin schätzt am Dialekt die Direktheit. »Es ist eben so: Man nennt einen Arsch einen Arsch. Das ist der Schrei des Herzens. Das sind die Wörter, die kompakt sind, die alles ausdrücken. Es ist eine Sprache, die die Realität der Dinge einsieht, die sie beim Namen nennt.«

In zwanzig, dreißig Jahren werde der Dialekt weggeschmolzen sein, befürchten manche. Jene Mundart, die von Dorf zu Dorf immer ein wenig anders klingt, besondere Färbungen und Nuancen erhält. Sie ist als Regionalsprache anerkannt, aber wird nur in Nischen gefördert. Zum Beispiel in kleinen Theatervereinen, die ihr Bühnenprogramm auf Elsässisch spielen.

»Diese Dialekttheater sind der Zement unserer Sprache«, unterstreicht Huguette Dreikaus. »Dort pflegt man die Mundart, die Leute gehen hin, egal was gespielt wird. Diese Aufführungen sind im Volksmund, sie halten unsere Sprache zusammen. Nicht zuletzt, weil viele Jugendliche mal auf der Bühne stehen möchten. Sie machen sich die Mühe Elsässisch zu lernen, damit sie spielen dürfen.«

In ihren Stücken, Büchern und Kolumnen beschäftigt sich die Kabarettistin nicht nur mit der Sprache, sondern auch mit den typisch elsässischen Befindlichkeiten. Ihre Beobachtungen gelten dem samstäglichen Kehren, der Herrschaft des Bidets oder dem Schwof und bilden gewissermaßen eine kollektive Gedächtniskraft. Dafür wird Huguette geliebt und gefürchtet zugleich. Denn sie formuliert skalpellscharf und rückt damit auch Begebenheiten in den Vordergrund, die viele lieber mit dem Mantel der Nostalgie verdecken.

»Ich habe mal ein kleines Mädchen auf der Bühne gespielt. Ich sagte: ›Ich bin da oben auf dem Dachboden, ich weiß nicht, wie lange. Weil meine Mama hat mich von einem Cousin bekommen und niemand soll das wissen. Und nun bin ich da oben, weil mich niemand sehen soll.‹«

Religiöse Intoleranz und das enge Beieinander der Höfe bildeten den Nährboden für Inzest. Nicht wenige Kinder kamen behindert zur Welt. Scham, Schuldgefühl und die Angst vor dem Gerede der Nachbarn waren so groß, dass man sie versteckte. Jahrelang. Auf dem Dachboden, in Kammern oder Kellern.

»Ein gesundes und gerade gewachsenes Kind war schon ein Wunder. Meine Großmutter sagte immer, wenn man drei gesunde Kinder will, muss man neun in die Welt setzen.«

Die Erzählerin selbst war noch unverheiratet, als sie ihren ältesten Sohn erwartete. »Ich hatte eine böse Tante, es war wirklich eine böse Tante, und die zischte: ›Wenn unser Herrgott es gut meint mit unserer Familie, lässt er dieses Kind bei der Geburt sterben, damit keiner über uns herzieht.‹ Sartre schrieb einmal, ›die Hölle, das sind die anderen‹ – genauso war es.«

Auch vor anderen Tabus schreckt Dreikaus nicht zurück, sie kratzt ungeniert an der Oberfläche dörflicher Heiligenscheine.

»Ich stand auf der Bühne und sagte: ›Meine Eltern wollten mich verheiraten, weil der Zaun kaputt war. Unsere Gerechtigkeit braucht keinen Zaun, wenn du den Jungen vom Nebenhaus heiratest, bestimmten sie. Und dann habe ich geantwortet: Ich will ihn nicht, er hat das Vieh gefickt!‹«

Im Saal herrschte Stille. Nicht einmal ein Räuspern war zu hören. Sie erinnert sich, dass plötzlich ein Mann aus der Menge aufstand und fragte: »Was hast du gesagt?« Sie wiederholte, »der hat das Vieh gefickt!« Plötzlich nickte der Mann, drehte sich zum Publikum und meinte: »Jetzt haben wir eine, die sich zu sagen traut, was in den Dörfern nie ausgesprochen wurde. Aber in jedem Dorf hat es das gegeben.«

»Ich denke, das existiert heute noch in verlassenen Tälern. Bei uns war ein junger Mann und er war behindert. Er wollte aber auch anerkannt werden. Die anderen waren im Fußball geachtet und was hatte er? Deshalb bot er uns jeden Samstag eine solche Vorführung. Wir haben ihm einen Franc gegeben oder zwanzig Centimes und er war der Star.«

Geschichten wie diese haben viele Menschen verdrängt. Ebenso wie den Aberglauben. Dabei besaß er feste Wurzeln im Elsass. Man glaubte an den Teufel und den Hexensabbat, hatte Angst vor Zauberformeln und bösen Flüchen, man fürchtete die Wiederkehr der Ahnen und schwor auf ungezählte Alltagsbräuche, um Unglück und Dämonen abzuwenden.

»Es gab eine Familie in unserem Dorf, der Vater arbeitete in einer Brauerei und er hatte einen Gehilfen bei sich, der hatte aber nur einen Arm. Die beiden verstanden sich prächtig, haben nach der Arbeit einen getrunken. Wenn der Mann spät nach Hause kam, hat seine Frau immer wieder gespöttelt: ›Warst du wieder mit dem Einarmigen unterwegs?‹ Nach einiger Zeit hat sie ein Mädchen auf die Welt gebracht, das hatte die gleiche Behinderung, nur einen Arm – und das ist wahr!«

Nicht zuletzt sind es die Geschichten von Menschen, die in ihrem tiefsten Inneren an die Gerechtigkeit glauben. Die in ihren Dörfern kleine Mikrokosmen bilden, in denen nicht Politiker wichtig sind, sondern das, was der Nachbar sagt, die Dinge, die im Hof nebenan passieren.

Ein Freud'sches Wunschbild, das das Verlangen nach Ordnung, Überwinden des Chaos, die Hoffnung auf geordnete Bürgerlichkeit prägt.

»Wir sind ja Leute, die Ordnung mögen«, formuliert die Künstlerin. »Elsässer brauchen keinen Dreck, um zu fegen. Alles muss gerade und in Ordnung sein.« Doch das hundertprozentig Aufgeräumte ist für sie der Tod und das Abbild des neu-elsässischen Lifestyles. Einer übertrumpft den anderen in Sachen Perfektion. Blumen stehen wie Armeen da, die Straßen sind frisch gepflastert, Gehsteige akkurat begrenzt.

»Wenn man durch die Dörfer fährt, durch die kleinen Städte, dann ist alles wie aus dem Katalog. Ich glaube, die Kataloge haben uns das Leben vermasselt. Denn alle Leute glauben, dass sie eine Einrichtung haben müssen, wie sie in den Katalogen gezeigt wird, aber ein Haus in einem Magazin ist zweidimensional. Ein richtiges Haus ist dreidimensional und es wohnen Leute drin. Es muss deutlich werden, dass es nicht ums Ausstellen, sondern ums Leben geht.«

Und die Lebenslust sprüht, beispielsweise in den Vereinen. Unzählbare existieren landauf und landab. Kein Sommer vergeht ohne Fest, kein Herbst, Winter und Frühjahr ohne Veranstaltung. Der Elsässer gilt als Vereinsmichel. Sport- und Schauspielvereine, Kirchenvereine und Wanderclubs. »Zu etwas gehören, sich bekennen – das ist wichtig. Der Verein ist eine Möglichkeit, dass man eine Identität hat, dass der Elsässer spüren kann: Hier weiß ich endlich, was ich bin«, sagt

Dreikaus. Denn eines der größten Probleme ihrer Landsleute sei die existenzielle Frage: Wo gehöre ich hin?

»Der Elsässer wurde von allen Seiten so beschimpft, dass er misstrauisch ist. Und dann hat er eben die zweite Eigenschaft, dass er so ist, wie die anderen ihn haben möchten. Das ist wie bei Max Frisch. Der sagte, man gleicht immer dem Bild, das die anderen von einem haben. Der Elsässer will immer guten Eindruck machen.«

Ein Mensch zwischen den Stühlen, eine Region zwischen den Grenzen. Das Elsass galt als Zankapfel zwischen Deutschland und Frankreich.

»Für die Franzosen, besonders nach dem Krieg, war der Elsässer immer ein ›Schwob‹, ein Deutscher, mit all den Vorurteilen, die darin mitschwingen«, erklärt die Kabarettistin.

»Für den Franzosen war er also nicht fein genug und für den Deutschen war er auch nicht fein, reell genug. Deshalb versucht er sich so zu benehmen, dass er gefällt. Ein biederer Elsässer wird Französisch reden, hat eine Rolle zu spielen, damit man nicht auf Anhieb sagt, ›jo, isch e Elsässer.‹«

Huguette Dreikaus erhebt sich von ihrem großen Küchentisch. Die Arbeit ruft, doch die abschließende Frage brennt: Ist die Identitätsfrage für den Elsässer überhaupt lösbar?

»Nein, die ist unlösbar. Das ist das Schöne am Elsässer: er ist vielfältig. Und er weiß nicht, wer er ist, ob er ein Oberländer ist oder ein Unterländer. Er weiß nicht, ist er ein ›Schwob‹, ist er ein Franzos'; er weiß nicht, ist er evangelisch, katholisch, ist er ein Bauer oder ein Stadtmensch? Er hat alles in sich, der Elsässer, er lässt sich nicht auf einen Begriff reduzieren. Und das ist gut so.«

Die Dirigentin

Sterne-Restaurants sind sensibel wie Orchester: Falsche Noten zerstören die Harmonie

Das »Au Crocodil«? Kennt jeder in Strasbourg. Fixstern, Pilgerstätte, ein Mekka für Gourmets. Es gehört zu den sinnlichen Orten der *Haute Cuisine*, die man in einem Atemzug mit den kulinarischen Rittern, den Gebrüdern Haeberlin in Illhaeusern nennt.

Doch für die große Politik ist Illhaeusern zu weit weg. Ob Diplomatie oder Intrigen, Ränke und Kämpfe – sie wurden hier an den diskreten Tischen in der Kapitale des Europaparlaments geführt.

Manche mögen an ein Haifischbecken denken, dessen Maskottchen, ein drei Meter langes Krokodil, über der Eingangstür hängt. Der graubraune Körper erinnert an Geschichten wie »Der alte Mann und das Meer«. Kapitän Ackermann segelte einst von Frankreich nach Ägypten. Am Nil kreuzte ein Flusskrokodil seinen Weg. Nach zähem Kampf gelang es dem Seemann die Bestie zu besiegen. Zurück in seiner Heimat ließ er die Trophäe ausstopfen und brachte sie nach Großwildjägerart in der rue de l'Outre, der Schlauchgasse, an. Die Datierung seines Fangs ist nicht gewiss. Vom Zustand des Tieres ausgehend, ist es jedoch schon ein Weilchen her.

Betritt man das Restaurant unter dem Echsenschwanz, fühlt man sich, als würde man nach einem heißen Tropentag in ein gekühltes Schwimmbad gleiten. Vergäße die Welt, die Geräusche, die unschönen Gerüche dazu. Schon der Vorraum geriert sich als Bühne: dicker Teppich, der die Schritte schluckt, der einen animiert wie auf Zehenspitzen zu gehen.

Leichte Musik, eine Dame taucht aus dem Hintergrund auf, als gehöre sie zum ersten Akt: sehr schmal, sehr groß, ein knappes Chanel-Jäckchen, ein knielanger Rock, ganz Grandezza wie Jackie Onassis oder Liz Taylor zu ihrer Zeit.

Monique Jung ist, womit man Politikergattinen gern umschreibt: die Frau an seiner Seite. Die Gefährtin, die Kollegin und Ratgeberin des Sterne-Kochs, Émile Jung. Über vierzig Jahre hat das Paar damit verbracht, Feinschmeckern die Wünsche von den verwöhnten Augen abzulesen, sich am frühen Morgen aus dem Bett zu quälen, damit die Dekorationen, die Einkäufe, die Qualität der Ware stimmen – und hinterher alles so perfekt aussieht, als genüge ein Fingerschnipp, als wäre es die leichteste Übung und nicht knochenhartes Geschäft.

Vierzig Jahre Existieren für den Gast, ohne Unterbrechen, Ausbrechen, ohne infrage zu stellen, ob es ein Leben jenseits der Küche, des Speiseraums oder der Garderobe gibt. Ein Land hinter dem von Milch und Honig, das man den Gästen so perfekt suggeriert.

Die *Grande Dame* des Au Crocodil ist es kein

bisschen müde. Weder routiniert zu lächeln unter dem toupiertem Löwenkopf, noch die Gäste persönlich zu empfangen, was sie nicht für übertrieben oder für katzbucklig hält.

Sie ist es auch nicht leid, graue Mäuse mit der gleichen Nonchalance und Herzlichkeit zu bewillkommnen wie Stars, wie Prominente oder den Mann mit der schwarzen und der dunkelblauen Socke am Fuß. Monsieur Unbekannt.

Ein Tag wie ungezählte andere. An den rubensgleichen Tischen haben es sich Feinschmecker bequem gemacht. Wer lässt sich an diesem Mittag nieder in dem lukullischen Garten Eden? Auf der Insel inmitten einer einkaufenden, wogenden, gestressten, sich auf das Wochenende vorbereitenden Stadt?

Eigentlich jeder. Sagen wir, fast jeder. Denn ein *menue* bekommt man hier nicht für den Preis eines Gedecks. Wer will das schon? Mitnichten die Familie an Tisch acht. Wozu trüge man sonst einen goldbeknopften Anzug, einen klobigen Siegelring am Finger; ein cremefarbenes Kostüm mit passendem Versace-Tüchlein auf den Schultern und die glitzernden Pailletten-Stiefeletten?

Das Au Crocodile gleicht nicht zufällig einer Bühne. Jeder der funkelnd gedeckten Tische flüstert seine eigene Humoreske, sein Drama oder seine ganz menschliche Geschichte. Ein Hort der Illusionen, der Eitelkeiten und der verwöhnten Zungen – aber welches prominent-sternenbestäubte Lokal der Welt wäre dies nicht?

Wäre da nicht dieser feine Unterschied: Monique und Émile Jung führen sich nicht auf wie weitere Protagonisten, bewegen sich nicht wie die Helden im Scheinwerferlicht, sondern schenken Raum. Für Eigenarten und Seltsamkeiten, für Dekadenz und Pomp. Die Profis nehmen sich zurück.

»Zu Kopf gestiegen ist uns der Erfolg nie«, umschreibt Monique Jung galant, dass sie die Welt durch einen Spiegel sieht. Dass nicht Erbe, noch Glücksrittertum, sondern Bienenfleiß und Arbeit das Kapital des Au Crocodil sind.

Lebenswerk, Räderwerk, Uhrwerk, verflixte Perfektion bis ins Detail. Eben noch prüfte Émile Jung durch die Linse einer Kamera, ob der Pariser Food-Fotograf seinen Ansprüchen genügt, dann erstarren die bretonischen Hummer, das Geflügel aus den Vogesen und die elsässischen Tauben das zweite Mal unter seinem strengen Blick.

»Das Produkt hat das größte Talent, der Koch muss sich zurückhalten und nur ein wenig Geist dazutun«, pflegt der *Maître* zu sagen. Aus diesem Mantra entstehen *menues* mit Esprit. Rund achtzig am Tag. Seine Spezialität, *foie gras,* wäre als Ouvertüre nicht wegzudenken. Verklärte Blicke, die langgezogenen Laute des Wohlbehagens – wortlos ist die Huldigung der Gästeschar.

Émile Jungs alchemistengleiche Kochkunst wurde 1989 von Michelin mit drei Sternen ausgezeichnet. Er versteht sich nicht nur als Koch, sondern als Botschafter zwischen Speise und Wein. »Beides muss sich ergänzen, der Wein ist der Genius der Küche. Die Geschmackstendenzen müssen so vermischt werden, dass der Schlusseffekt tadellos und harmonisch ist.«

Das hört sich nicht mehr nach Koch und Küche an, das klingt nach Meister und Verschmelzung mit seinem Werk. Jung gilt zugleich als einer der besten Sommeliers des Landes.

Ein Strang der Jungs wurzelt in Masevaux, einer Kleinstadt in den Vogesen, aus der Émiles Familie stammt. Dort gab es ein altes Gasthaus, Grundlage für ein Einkommen, einen Lebensunterhalt. Der junge Émile soll es übernehmen, aber ihn zieht es als Koch nach Lyon. *Grande Cuisine* statt Eintopfküche ist seine Leidenschaft und die teilt er schon bald mit Monique.

Hätte das Schicksal ihre Konstellationen anders bestimmt, Monique würde heute nicht im Kostüm agieren, sondern im weißen Kittel zu Patienten gehen. »Ich wollte Ärztin werden, aber eine Freundin lockte mich auf die Hotelfachschule. Am Anfang hat es mir nicht gefallen.« Monique Jung setzt sich noch ein bisschen gerader, wie zur Bestätigung, dass sie sich im Leben immer erfolgreich gegen die Lustlosigkeit disziplinierte.

Es folgen Erinnerungen an einen spartanischen Beginn. An Zimmer, mal ohne Wasser, mal ohne Strom. An Monate ohne Geld, ohne Ansprüche, ohne Genuss – jene Albträume, an die ihre Gäste nicht mal zu denken wagen.

Vielleicht wirkt sie deshalb, als betrachte sie dieses feine Lokal durch geschliffenes Glas, durch ein Mikroskop. In dessen Ausschnitt es sich rührig bewegt, der aber in sich abgeschlossen und nur durch die Betrachtung erfahrbar ist.

»Ich bin eigentlich immer dieselbe geblieben«, gesteht sie und fügt hinzu, »aber die Welt, die ist egoistischer geworden.«

Möglicherweise war sie es schon, als das Paar vor dreißig Jahren das heruntergewirtschaftete Au Crocodile übernahm. Aufbaujahre, Sterne, Respekt der Gastrokritiker und der Gästeschar. »Ich habe trotz der massiven Arbeit nie das Gefühl, etwas verpasst zu haben.« Sagt Monique. Für Kinder blieb keine Zeit. Das Geschäft, neue Ziele, höhere Erwartungen an die Küche. »Aber unsere Mitarbeiter sind wie eine Familie, das kompensiert.«

Im Minutentakt verlassen silberne Speisehauben den Küchentrakt. Monique steht auf, ganz Schweizer Uhrwerk, verinnerlichte Präzision. Siebenmal in der Woche, vierzehn Stunden am Tag. Ein Lächeln gleitet wie ein Vorhang über ihr Gesicht. Sie hält kurz inne. »Unsere Tage vergehen wie auf der Bühne, man muss mitmachen, nicht grübeln.« Eine Pause. »Kennen Sie das Geheimnis? Ein Restaurant mit drei Sternen ist wie ein Orchester – es darf keine falsche Note dabei sein!«

Schatten neuer Gäste verdunkeln die Glastür. Die *Grande Dame* eilt. Ihren Einsatz hat sie noch nie verpasst.

Molière sehen und sterben

Wie Maman Jamain das Theater lieben lernte

Einmal muss man dabei gewesen sein, wenn am Kochersberg der Applaus die Bühne beben lässt. Wenn die Zuschauer weinen oder Tränen lachen. Wenn sie sich im Sonntagsstaat auf die Holzbänke drängen. Wenn sie von weit her anreisen, Parkplätze suchen, Karten und Programmheftchen erstehen, um das Dialekttheater von Truchtersheim zu sehen. Provinztheater. Laientheater. Liebhaberbühne.

Eine Institution. Eine, die etwas über die Eigenarten des Elsässers erzählt. Über seine Sprache, über seine Passion, über seine Empfindsamkeit.

Der Mond schaukelt mehlweiß. Über Truchtersheim. Zweitausend Menschen atmen nicht. Wo ist der Atem? Er ist gebannt.

Dort. Der Alte auf der Bühne zeigt ins Nichts. Wo sein Wald war, ist absolute Leere. Dieses Nichts kostet ihn den Verstand und eine Kugel, mit der er sich erschießt.

Klatschen, Beifall, Ovationen. Ein nach Regen klingendes Geprassel, der Applaus, der sich zu einem Gewitter steigert. Am Bühnenrand verharrt ein Mann. Schwarz gekleidet, groß, schlank und verzaubert, immer noch. Vielleicht lässt sie nie nach, die Verzauberung. Die Faszination, wenn die eigenen Worte dem Papier entsteigen und lebendiges Spiel werden. Jeden Satz könnte er mitmurmeln, Guy Lafuente, Autor, Dramaturg und Regisseur. Der Theatermacher von Truchtersheim.

Im Landsknecht schüttelt man ihm die Hand, er ist bekannt in einem Ort, dessen Einwohner keine Konzerthalle füllen würden. Karierte Decken, Holztische und Kerzenlicht, die Kneipe ist gut besucht. Und er, die dunkle Sonnenbrille ins Haar geschoben, grüßt mal hier, mal dort. Die Besucher, die Honoratioren, auch den Tisch, an dem die Schüler sitzen. Denn der Maestro von Truchtersheim ist im Leben, das er sein zweites nennt, Französischlehrer.

Aber er spricht lieber über das erste und über die Leidenschaft. Über das Verlangen, Elsässisches Theater zu machen. Will nicht heißen, Theater im Elsass zu spielen, obgleich sich der kleine Landstrich wie verrückt nach der Bühne sehnt – rund dreihundert Theatervereine, Debütanten, Nachwuchsmimen, Tragöden, Dramaturgen und Regisseure sprechen für sich –, sondern Theater auf Elsässisch zu bieten. In der Mundart, die doch mehr als ein Dialekt, die Muttersprache, Freundessprache ist. »Wir fühlen uns näher, wenn wir Elsässisch miteinander reden«, beschreibt Lafuente.

Seinem Theater fühlt sich ein Publikum verbunden, das selten einen Fuß in die Oper, in ein Schauspielhaus oder ein klassisches Konzert setzt.

Menschen wie Maman Jamain. Eine zarte alte Dame, die das Alter immer kleiner werden ließ. Eine Frau, die sich zwar für die Bühne interessierte, aber Lafuente unter Seufzen gestand: »Das ist nichts für mich – ich verstehe nichts von Molière!«

Lafuente überredete sie und versicherte ihr, wenn sie nichts verstehen würde, erhielte sie ihr Eintrittsgeld zurück. Maman Jamain kam, in einem atlasblauen Festtagskleid. Nach Truchtersheim.

Vierzig Menschen arbeiten dort. Professoren, Metzger, Schreiner, Sekretärinnen, Bäcker oder Verkäuferinnen – die Mimen stammen aus dem Alltag, nicht aus Schauspielschulen. Denn nicht die Vortragskunst zählt, sondern Lust, Kreativität, ja, auch die Hartnäckigkeit, das Durchhaltevermögen. »Ich erwarte viel«, gibt Lafuente zu, »und ich bin streng.«

Strenge, damit aus dem Laien- kein Possentheater entsteht. Disziplin, damit die Schauspieler sich auf der Bühne nicht produzieren. Denn wer nur ein einziges Mal im Jahr spielen darf, gibt alles. Und gerne noch ein bisschen mehr.

Pathos, Hingabe und Eifer waren auch die Merkmale der Provinztheater im Land. »Das Volkstheater war früher eine Beschäftigung für die Bauern«, erzählt Guy Lafuente, »im Winter ruhte die Arbeit auf den Feldern. Dann wurden Stücke aufgeführt.«

Ob Kirchenchor oder freiwillige Feuerwehr,

ob Lehrlinge oder die Handarbeitsrunde – alles, was sprechen konnte, mischte mit. »Es war wie ein Unterhaltungsprogramm in einer Zeit, als es nicht allzu viel gab. Das Ausbluten begann erst in den siebziger Jahren mit der Landflucht. Die Bauern zog es in die Städte, das Volkstheater verschwand.«

Lafuente engagierte sich zu dieser Zeit im Handballverein und dachte darüber nach, ob eine Wiederbelebung des Theaters möglich sei. Er nimmt einen Schluck Wein und beschreibt, wie Spieler, Trainer, Torwart plötzlich auf der Bühne standen. Die Debütanten von Truchtersheim.

Gänsehaut vor der Premiere und danach die Gier nach mehr. Fiebern, sehnsüchtig warten auf die zwei Wochenenden im Jahr, an denen man rezitieren, spielen, deklamieren durfte. »Es ist wie ein Delirium, eine Sucht«, sagt Lafuente, »man probt das Stück immer wieder, steckt enorme Arbeit hinein und spielt es doch nur in der Zeit eines Atemzugs.«

Folgte auf den Dörfern ein Schwank dem nächsten, weil Lachen Erfolg und verkaufte Karten garantiert, tingelte »Tante Kitty aus Texas City« landauf und landab, so setzten die Truchtersheimer auf Molière.

Sie wollten weder Bauernbühne noch babylonisches Sprachgewirr. Verabschiedeten sich von alten Stücken, in denen die Herren Französisch parlierten und die Knechte auf Elsässisch antworten durften.

»Wir führen heute ein komplettes Schauspiel in Französisch und ein komplettes Schauspiel in Elsässisch auf. Das ist unglaubliche Arbeit, mit doppelten Proben und zweifachem Textlernen – aber es hat Erfolg.«

Die Truchtersheimer spielen inzwischen 16 Mal im Jahr, meistens vor ausverkauftem Haus und durchschnittlich achttausend Zuschauern – eine Zahl, die sonst kaum ein Theater auf dem Land erreicht. Ihr Publikum stammt nicht allein aus der Umgebung, sondern kommt aus der gesamten Region.

Ein Gewinn wird nicht eingespielt, nicht einmal die Kosten. Die Kostüme, die Schneiderinnen, die Maske, die Techniker, Administration und Sekretariat, dazu eine 250 Quadratmeter große Bühne – all das will bezahlt werden.

So geben sich Bauunternehmen, Brauereien, Immobilienmakler und Versicherungen als Mäzene und Geldgeber her.

»Ein Zusatzverdienst ist unser Theater nicht, eher eine Liebhaberei«, schränkt Lafuente ein, »aber eine sehr anerkannte. Es ist eine Nische des Elsässischen, unserer Heimatsprache.«

Für Nicht-Eingeweihte klingt diese Sprache merkwürdig vertraut und doch wie mit einer Chiffre, einem Geheimcode verschlüsselt. Einem Duktus, mit dem die Kundigen ihre Autonomie, Kultur und Geschichte abgrenzen. Ob das Theater Einfluss auf die Vitalität der immer seltener gesprochenen Sprache hat, will Lafuente bezweifeln, hält es für fragwürdig, wenn nicht unmöglich. »Elsässisch ist ähnlich wie das Baskische – es stirbt aus. Ich behaupte, Sprache kann nicht allein als Herzenssprache überleben. Man muss sie politisch und im Alltag verwenden.«

Seine Mutter, Elsässerin, und sein Vater, Franzose aus Algerien, einigten sich auf die Heimatsprache. Offiziell war sie zu Schulzeiten des Theatermachers verboten. »Wir wurden bestraft, wenn wir als Kinder nicht Französisch redeten. Deshalb sind wir heute nicht mehr fähig, unsere Sprache korrekt zu sprechen. Französische Ausdrücke schleichen sich ein und das Elsässische verschwindet immer mehr.«

Die offenbar noch aus Besatzungszeiten stammende Unterstellung, das Elsässische sei eine Schwesternsprache des Deutschen, da sich die Schriftsprachen ähnelten, wehrt er ab: »Die Erklärung für die fehlende Schriftsprache liegt auf der Hand: In der Schule wurde Deutsch als Fremdsprache gelehrt, aber kein Elsässisch. Eine Schriftsprache konnte also nicht entstehen.«

Lafuente denkt an die Abende, die Nächte, die er mit Stapeln von Papier verbringt. Er übersetzt die französischen Dramen und Schauspiele in seine Heimatsprache. Ein fast unmögliches Unterfangen ohne Duden, Lehr- oder Wörterbuch. An den »Eingebildeten Kranken« von Molière wagte er sich zuerst. Erleichtert stellte er beim Schreiben fest, dass die Wörter plötzlich wie in einer aufgeschüttelten Schneekugel durch seinen Kopf tanzten. »Ausdrücke, auf die ich im Gespräch niemals gekommen wäre.«

Sein Publikum genießt die Melodie der vergessenen Begriffe, ihre Nostalgie, ihren Rhythmus, ihre Musik. »Die Leute gehen in ein Elsässer Theater wie man ein Museum besucht, sie wollen sich einfach erinnern, in ihre Kindheit reisen.«

Auch Maman Jamain. Zerbrechlich aussehend in ihrem Festtagskleid, setzte sie sich auf die Tribüne. Und blieb dort sitzen. Lange noch, nachdem das Stück zu Ende war.

Verstohlen wischte sie sich ein paar Tränen aus den Augen und reichte Lafuente die Hand. »Jetzt kann ich sterben, ich habe Molière gesehen und verstanden!«

Gestorben ist sie nicht, Maman Jamain. Sie zählt zu seinen treuesten Zuschauerinnen.

Reise in die Antike

Eine Heimführung auf elsässische Art

Samstagmittag in der von mittelalterlichen Mauern umgebenen, glamourösen und doch überschaubar gebliebenen Stadt. Gleich unterhalb des Münsters zieht sich ein Trödelmarkt durch die schmalen Gassen von Strasbourg. Zerfledderte Sartre-Ausgaben, von Hand geklöppelte Spitzenhäubchen. »*Très bien*, nicht wahr?« Schlank ist Mireille Jamain, vielleicht von ihrer Sammelleidenschaft. Unermüdlich zieht sie durch Europa, fünfzigtausend Kilometer im Jahr. »Ich habe mich auf Silber spezialisiert, besonders auf das Englische – es glänzt so schön.«

Das Elsass ist ein Mekka für Antikes. Viele Schatzsucher durchstreifen die Region zwischen Haut- und Bas-Rhin auf der Suche nach alten Stücken. Kaum ein Wochenende vergeht ohne Trödelmärkte, kaum eine Stadt präsentiert sich ohne Antiquitätengeschäfte.

Gleich gruppenweise strömen Besucher durch die rue des Orfèvres, dort liegt ein efeuumrankter Hinterhof. Monsieur Haug sieht traurig aus. Seit 1945 handelt der alte Mann mit Antiquitäten, der Laden ist mittlerweile so kurios wie die Uhrenwerkstatt aus Michael Endes »Momo«. »Die erlesenen Stücke werden immer günstiger angeboten«, seufzt Charles Haug, »die Leute verdienen nicht mehr so viel. Deshalb sind sie vorsichtig beim Kauf.«

Unter seinem Schreibtisch streicht er über eine alte Louis-Vuitton-Reisetruhe. Braune Lederschnallen. Die alten Messingschlösser schnappen auf und heraus strömt ein trocken-modriger Geruch. Die Kiste ist leer. Der alte Mann wiegt den Kopf. »Wer weiß«, sagt er, »vielleicht ist sie einst übers Nordmeer gereist, vielleicht auch mit Livingstone durch Zentralafrika!« Er wird unterbrochen, die Ladenglocke klingelt. Zwei Japaner schieben sich hinein, die Fotoapparate eng an die Brust gedrückt. Ihr Blick fällt auf die Ölbilder, auf zerbrechliche Kaffeekännchen und schließlich auf die Truhe. Was sie kostet? Charles Haug schüttelt bedauernd den Kopf. »Sie ist so weit gereist, sie bleibt nun hier.« Die beiden nicken verständnisvoll, laut rasten die Messingschlösser wieder ein.

Auf dem Weg nach Colmar ist »Antik und Brocante« auf ein rosenbewachsenes Emailleschild gemalt. Ein Bauernhof, die Hallen gefüllt mit wunderbaren alten Dingen. Kinderwagen wie kleine Limousinen aus den dreißiger Jahren oder ein Renaissance-Kinderstühlchen mit eingebautem Topf. Prächtige Ölschinken für fünfzig Euro, bunte Schliffgläser ab zehn Euro. Verschwenderische Ballkleider, die aussehen als wären sie von den Hauptrollen in »Vom Winde verweht« getragen worden.

Ein grau gelockter Herr steht nachdenklich vor einem kleinen Sesselchen. Er stellt sich als

Monsieur Froesch vor, Besitzer eines Antiquitätengeschäftes bei Saverne. »Es gibt ungezählte Antiquitätenhallen im Elsass und ich sehe gerne hinein, manchmal können sogar wir noch ein Schnäppchen machen.« Er wendet sich wieder dem zerbrechlich aussehendem Möbel zu: »Mit ein bisschen Holzwolle und Wachs polieren, das Sitzpolster neu beziehen – dann ist es perfekt!«

In Colmar strömen Menschentrauben durch das idyllische alte Gerberviertel Petite Venise am Flüsschen Lauch. Fachwerkhäuser stehen bis zu den Beinen im Wasser. Flache Holzgondeln ziehen über den Fluss, als würden sie Venedigs Kanäle durchfahren.

Zwischen Souvenirläden, Patisserien und Ständen mit gebrannten Mandeln verbergen sich die Antiquitäten- und Trödelgeschäfte in der rue des Marchands. Bei Madame Pfeiffer sind die schönen Dinge aus alter Zeit bis unter die Decke gestapelt. Sie ist spezialisiert auf üppige Barockschliff-Spiegel, Ölgemälde und meterhohe Kerzenleuchter. Auf einem Tischchen gruppiert sich zartes Hutschenreuther Porzellan, dahinter Kachelöfen und Jugenstilleuchten. Woher sie ihre Sachen bekommt? »Oh, die alten Leute bringen sie mir direkt ins Haus.«

Vor Monsieur Donatos Geschäft in der rue des Tanneurs weht ein rotes Kostüm aus dem »Falstaff«, innen funkelt altes Silber, schimmert zerbrechlich aussehendes Porzellan.

»Hier kommt ganz Frankreich vorbei«, Philipe Donato weist mit ausladender Geste auf die

Straße. Ein junger Mann späht ins Schaufenster, hellblaues Hemd, kurzes Haar, und beschäftigt sich mit den Meerschaumpfeifen, die Monsieur Donato in seinem Geschäft ausgestellt hat.

Werbung hat der Antiquitätenhändler, der sich auf Möbel aus dem Rheintal und auf Elsässer Buffets spezialisiert hat, nicht nötig. Seine Klientel ist gut betucht und sucht ihn gezielt auf. Weniger sind es die durch Colmar streifenden Tagestouristen als Franzosen, Elsässer, manchmal auch Deutsche, die sich eines seiner restaurierten Meisterstücke leisten.

Worauf man beim gehobenen Antiquitätenkauf achten sollte? »Auf ein geschmackvolles Geschäft«, er schaut sich in seinem samtrot bezogenen Verkaufsraum um, »einen Ferrari findet man auch nicht auf dem Schrottplatz!« Der Mann, groß wie Gérard Dépardieu und in elegant geschnittenem Anzug, präzisiert:

»Alte Möbel aus dem Elsass wird man seltener auf Trödelmärkten oder in den großen Antiquitätenhallen finden, dazu sind sie zu teuer. Aber es gibt eine Vereinigung von Fachhändlern, die überdies akkurate Expertisen schreiben.«

Rund dreißig Händler sind heute in der Regi on auf elsässische Möbel ausgerichtet, von insgesamt etwa 750 Antiquitätengeschäften.

Donato ist Spezialist. Unter seinen Preziosen finden sich polierte Nussbaumschränke aus Basel, Meisterstücke aus Strasbourg und alte Renaissanceschränke aus Mulhouse. Jedes Stück hat einen Stammbaum, der einen Aristokraten neidisch machen könnte: Phillipe recherchiert wie ein Historiker, wendet sich an Museen und besucht Auktionen, um ihre Geschichte aufzuspüren.

Die Elsässer Schränke, die er in seiner eigenen Schreinerei restaurieren lässt, bleiben oft im Land. »Junge Elsässer Familien interessieren sich wieder für die Möbel, mit denen sie Erinnerung und Tradition verbindet. Das Problem ist jedoch, unsere eigenen Möbel wiederzufinden. Als das Elsass deutsch wurde, haben viele das Land samt ihrem Hausrat verlassen. So ist hier wenig typisches, altes Mobiliar aufzuspüren. Heute findet man vielleicht noch dreißig Prozent im Elsass, siebzig Prozent der Möbel sind über ganz Frankreich verstreut.«

Am nächsten Tag hat Donato seinen Wagen gepackt. »Jetzt beginnt der wichtigste Teil meiner Arbeit«, schmunzelt er, »die Heimführung – denn auch so kann man die Bergung der schönen, alten Stücke bezeichnen!«

Salut, er winkt noch kurz und schon braust er in seinem Bus davon.

Die perfekte Illusion

Wie sich schlichte Stadthäuser in kunstvolle Dogenvillen verwandeln

Leonardo, Raffael, Michelangelo oder Tizian – wer in die Bilder der großen Renaissancemaler eintaucht, gerät in den Sog vollendeter Formen, zwischen harmonischer Ästhetik und zeitloser Vollkommenheit. Ein Wurf von Meistern, den das 16. Jahrhundert hervorbrachte. Man hat die Bilder Tintorettos, Veroneses oder Correggios vor Augen – oder Michelangelo: seine Interpretation der Erschaffung Adams, den dramatischen Höhepunkt der Schöpfungsgeschichte, nach dem sich in der Sixtinischen Kapelle die Köpfe verdrehen.

Ein Jahrhundert der Dichter, Bildhauer, Baumeister und Maler. Der Formen und Fresken, die sich mit dem Reich der Medici, mit Florenz, Siena oder Rom verbinden, nicht aber an Sélestat, Strasbourg oder Colmar denken lassen.

Doch plötzlich steht man mitten im Elsass vor Renaissancefassaden in einem warmen Sienarot, in den Ockertönen der Toskana. Flächendekoration und Scheinarchitektur, Fresken und Details nach Art des Cinquecento sind zu sehen. Sind sie nun echt oder nicht?

Vorsichtig tasten sich die Finger über das Werk. Zeichnen die Konturen von raffaelgleichen

Engelsköpfen nach, fahren entlang zarter Rosetten, gleiten über Säulen, die sich eigentlich kühl und marmorn anfühlen müssten.

Es handelt sich um *Trompe-l'œil*-Malerei in ihrer feinsten Form. Die die Sinne täuscht und sich des italienischen Renaissancestils bedient.

»Ich habe jahrelang nach der alten Technik gesucht«, erzählt Edgar Mahler, Schöpfer der Werke. Er lebt in einem kleinen Dorf nahe Pfaffenhofen. Sein Haus ist künstlerisch gestaltet, halb Bauernhaus, halb modern eingerichtet mit selbst gebauten Möbeln und Objekten. Mahler, ein südfranzösischer Typ, wilde Locken, blaue Augen, den Pick-up in halsbrecherischem Tempo zu seinen Einsatzorten steuernd.

Eigentlich ist er gelernter Kunsttischler, Holzschnitzer und hat später sein Diplom in Innenarchitektur in Strasbourg absolviert. »Ich wollte immer Künstler werden, schon als Kind. Aber ich habe verstanden, dass es sehr schwer ist, davon zu leben und habe deshalb Innenarchitektur und Dekoration studiert.«

Fasziniert hat ihn die Renaissancemalerei, obgleich er nur einmal in Italien war, wie er lächelnd zugibt, und auf die Bildbände in einem aus bunten Elementen bestehenden Regal verweist.

Mahler interessierte die *Trompe-l'œil*-Technik, die jahrtausendealte Kunst der Illusion. Es gab sie schon, als Ovid die Metamorphosen schrieb, Pythagoras erkannte, dass die Summe der Winkel eines Dreiecks immer 180 Grad ist, und Sokrates sich als einen bezeichnete, der wisse, dass er nichts wisse, wofür ihn das Delphische Orakel zum weisesten Mann Griechenlands erklärte.

Wenige Beispiele der *Trompe-l'œil*-Malerei aus dieser Zeit sind bekannt, so wie das Haus der Vestalinnen in Pompeji oder die Überlieferung von Plinius in der Historia Naturalis. Er berichtete von Trauben, die so verlockend und wirklichkeitsgetreu dargestellt waren, dass Vögel von ihnen angelockt wurden und versuchten sie aufzupicken.

Lange hat auch Edgar Mahler an der richtigen Technik gefeilt, Jahre bei alten Handwerkern in der Schweiz, in Österreich und in Deutschland studiert. Heute bringt er an den Fassaden nur Mineralfarbe und Silikatpulver auf, um den antiken Stil wiederzubeleben, täuschend echte Konsolenfriese auf einfachen Stein zu malen. Rustica, früher grob zubehauene Steinquader, die das Gebäude trotzig erscheinen lassen sollten, werden von ihm nur mit Pinsel und Farbe aufgetupft. Eine Woge von Licht und Form entsteht: Arkaden im Erdgeschoss kehren im zweiten Stock als kleinere Blendarkaden wieder; Halbsäulen, Pilaster und Kranzgesimse folgen. Eine vormals graue, eintönige Front verschmilzt unter seinen Händen zu einer Palazzofassade der Frührenaissance. Mal weich und heiter in Farben und Formen, wie sie der venezianische Baumeister Jacopo Sansovino in Venedig beherrschte. Dann wieder streng und klassisch, als habe Andrea Palladio gebaut.

Inzwischen genießt der zurückgezogen lebende Künstler im Elsass einen glänzenden Ruf. Seine Arbeiten werden so positiv aufgenommen, dass er die denkmalgeschützten Fassaden von Strasbourg und Colmar neu gestaltet. Nicht Zement, Bohrmaschinen oder Stahlträger werden gebraucht, sondern allein Farbe und Pinsel, um schlichte Stadthäuser in kunstvolle Dogenvillen zu verwandeln.

In Sélestat findet sich eines seiner schönsten Objekte, das Haus des Juweliers Roelly. Es wurde in der Zeit um 1800 gebaut. Alte Fotos zeigen ein sprödes, dunkles Gebäude, mit schlicht-grauem Verputz. Der einzige Schmuck, den es aufweist, ist ein hervorspringender Giebel. Innerhalb von eineinhalb Monaten verwandelte Mahler das Aschenputtel in eine echte Contessa.

Giebel, Erker und Fresken sind aufgemalt – die Vorderseite ist in einem warmen Rotton gehalten. Wie ein roter Faden zieht sich seine Kunst auch im Inneren weiter. Die Decke eines kreisförmigen Raumes hat er wie in einem Sakralbau dargestellt, die Kuppel, ein kleiner Kosmos für sich, steht im Gegensatz zur Inneneinrichtung, die der Künstler ebenfalls entworfen hat.

Extravagante Goldschmiedearbeiten funkeln in modernen Vitrinen; Möbel, die auf die Werke des katalanischen Künstlers Antonio Gaudí oder des Wieners Friedensreich Hundertwasser anspielen.

»Mein Kunde hat sich ganz auf meine Fantasien eingelassen«, erzählt Edgar Mahler und ebenso wie seine Renaissancevorbilder verwandelte sich der Künstler in einen Maler, Bauleiter und Architekten.

Betrachtet man seine Werke genauer, sind immer wieder kleine Zitate und Andeutungen versteckt. »Hinter jeder Fassade steckt eine ganze Philosophie«, erklärt Mahler, »nicht nur meine, sondern auch die des Besitzers.« So sind es zum Beispiel Masken der italienischen »Commedia dell'Arte«; der wehmütige Kopf Pulcinellas oder das spitzschnabelige Gesicht des Medico della Peste, die Mahler wie sein persönliches Kürzel einfließen lässt.

An der Front der Konditorei Christian in Strasbourg verewigte Mahler auf dem Giebel eine Uhr. Zwölf Uhr fünfundvierzig hat die Stunde geschlagen, exakt zu dieser Zeit kam der Sohn des Besitzers auf die Welt.

Auch in Colmar stammen mehrere »Hausgesichter« aus seiner Hand. Die Fassade des Restaurants Le Koiffhus ebenso wie die der Patisserie Clergue, die sich mit ihren Auslagen gegenüber des Musée d'Unterlinden befindet. Eines seiner neueren Werke ist das Restaurant Schillinger an der rue de la Poissonerie. »Es ist ein einfaches Haus, wurde im Krieg zerstört, später ist der Giebel wieder neu aufgebaut worden«, beschreibt Mahler, »in rund einem Monat haben wir die Fassade komplett bemalt.« Inzwischen ist sie eines der meistfotografierten Objekte der Stadt.

Zahlreiche Hausbesitzer träumen von einer Front im Mahler-Stil. Sparen darauf wie andere auf den Sportwagen oder das funkelnde Collier. Für die meisten ist es nicht nur Liebhaberei, sondern auch gewinnbringende Investition. Die Fassadenkunstwerke locken nicht nur Besucher, sondern steigern auch den Wert. Mahler ist sich überdies sicher, dass seine Malerei, wenn auch Umwelteinflüssen ausgesetzt, Jahrhunderte überdauern kann. »Zum Teil überarbeite ich alte Fassaden und selbst zweihundert Jahre alte Zeichnungen sind noch gut sichtbar.«

Auch wenn es einen großen Kreis derer gibt, die seine Arbeit schätzen, schreckt Mahler doch der Lorbeerregen und er weist Anerkennung und Erfolg weit von sich. »Die Arbeit besteht zu einem großen Teil aus historischer Kenntnis«, schwächt er ab. »Manchmal wünsche ich mir sogar etwas ganz anderes«, gibt er zu und sprüht dabei vor innerer Kreativität, »man wiederholt sich zu stark, ich mag nicht in Klischees arbeiten.«

Sein eigenes Haus hat er nicht bemalt und so ist es ganz von seiner Familie geprägt: seiner Frau, die an Hinterglasmalereien arbeitet, seiner Tochter, die ihre erste Ausstellung mit bunt-poppigen Bildern vorbereitet und dem Sohn, der sich der Musik verschrieben hat.

Mahler bleibt im Hintergrund. Ein Meister, der die Vordergründe perfekt inszeniert und es vorzieht, in den Kulissen zu verschwinden.

»Choucroute« fürs Volk

Der Erfinder der Sauerkrautstraße setzt Kohlköpfe ins Rampenlicht

Schon der Name explodiert als Feuerwerk in den Geschmacksnerven: »Route de la carpe frite«. Eine Tour, die sich durch den Sundgau und den elsässischen Jura schlängelt und schon beim Hörensagen dampfend frittierte Karpfen, klare Seen und muntere Quellen aufruft. Nicht anders die legendäre »Route des vins«, die Weinstraße, die durch sanft hügeliges Rebenland vorbei an stattlichen Winzereien gleitet. Kulinarische Seligkeiten werden im Elsass gern zu Themenrouten verpackt: auch die Sauerkrautstraße, die »Route de la choucroute«, gehört dazu. Sie entführt in die Sauerkrauthochburgen Geispolsheim und Krautergersheim, durch die alle drei Minuten Lkw-Anhänger mit akkurat geschichteten Weißkohlköpfen rattern.

Epizentrum der »Route de la choucroute« ist das Restaurant Chez Philippe in Blaesheim. Sein Besitzer, Philippe Schadt, braun gebrannt vom Angeln, blau-weiß-karierte Hose, weiße Stoffjacke und durchdringend blaue Augen, begrüßt die Gäste in der Eingangstür. Ein spritziger Louis de Funès in eigener Regie und Inszenierung. Im Flur festgehaltene Szenen seines Lebens: Philippe Schadt als Angler, im Freundeskreis der Prominenz, zusammen mit seinem Freund Tomi Ungerer, dessen Bilder in den Räumen des Restaurants ausgestellt sind.

Ansonsten ist diese *auberge* in Blaesheim, nahe dem Flughafen, nicht anders als die übrigen, die zwischen Mulhouse und Strasbourg liegen – oder doch?

Endlose Kohlfelder erstrecken sich vor ihren Türen, der typische Geruch steigt bis zum Himmel hinauf. Etwa siebzig Prozent des französischen Weißkohls werden im Elsass angebaut, 25 Betriebe vermarkten jährlich 35.000 Tonnen Sauerkraut. Das Gemüse gedeiht am besten in den Löß-Lehm-Feldern der Umgebung, in denen es von Juli bis November geschnitten wird. Die Kohlköpfe werden nach der Ernte geputzt, der Strunk mit Hilfe spezieller Maschinen herausgebohrt.

Ein Leben dem Kohl: Seit Ende des vorigen Jahrhunderts wird Sauerkraut auch industriell hergestellt. Kleingeschnitten und über Förderbänder transportiert, gleitet das Gemüse in Gärbecken. Früher verwendete man Holzfässer, heute sind Gärsilos mit einem Fassungsvermögen von sechs Tonnen üblich. Zum Kohl wird Kochsalz gemengt, die Becken luftdicht verschlossen. Beim Gärprozess wird der Weißkohl säuerlich und verfärbt sich schließlich Gelb.

Doch reichen diese Fakten für eine Themenroute? Phillipe Schadt, Erfinder der Sauerkrautstraße, erinnert sich: »Jeden Samstag kamen alle Sauerkrautfabrikanten der Umgebung zu mir zum Essen. Irgendwann, auf einer Reise nach Bangkok, hatte ich dann die Idee – warum das Sauerkraut nicht als gastronomische Verbindung nutzen?«

Für das Elsass schien es wie gemacht, die Fabrikanten waren begeistert, der touristisch wenig erschlossene Landstrich versöhnt. Das Argument war simpel wie einleuchtend: Aus der elsässischen Küche ist das jahrtausendealte Gemüse nicht wegzudenken.

Schon zu Zeiten des griechischen Arztes Hippokrates war das Einsäuern von Weißkohl bekannt, ebenso stellte man das frugale Gemüse in China und bei den Römern her.

Als ideal erwies sich das Vitamin-C-haltige Kraut auch für Seeleute: es war haltbar wie Zwieback und schützte vor Skorbut. Captain Cook, so ist überliefert, galt als echter Liebhaber der Delikatesse. Auch in den mittelalterlichen Klöstern legte man Kohlköpfe mit Salz und Essig ein. Später verzichtete man auf die saure Beigabe – das Salz genügte, um die Milchsäuregärung auf ganz natürliche Weise in Gang zu setzen. Jüngst fanden finnische Forscher sogar heraus, dass bei der Gärung Krebs hemmende Substanzen gebildet werden.

»Gourmets lieben den Weißkohl, über den der Frost gestrichen ist«, ergänzt Philippe Schadt. Insgesamt 29 Restaurants auf der *route* schmücken sich mit passendem Symbol. Meister Adebar, der in einer Sauerkrautschüssel nistet und bodenständig kulinarische Freuden verspricht –

wenn auch bei Philippe Schadt auf höherem Niveau.

»Sauerkraut ist ein herrliches Gemüse«, befindet der *Maître,* »wir servieren es mit frischem Lachs, dazu eine beste Buttersauce mit Riesling – da kann nichts passieren.«

Der kochende Traditionalist blickt inzwischen auf eine fünfzigjährige Karriere zurück. Sein Haus stand im Blitzlichtgewitter, als Jaques Chirac in Begleitung von Lionel Jospin und Gerhard Schröder hier dinierte. Eine große Stunde Schadts, der sich nicht nehmen ließ, seinen prominenten Gästen einen ordentlichen Schlag Sauerkraut zu servieren.

»*Enchanté*«, grüßt er auch heute charmant in die Runde, schwirrt wie ein Schmetterling von Tisch zu Tisch. Dort zu den Bankern, hier zu der Familie, deren Oberhaupt sich auf einen krummen Stock stützt und seit zwanzig Jahren Monsieur Schadt die Treue hält.

Der Koch, so scherzen manche, wäre nach dem Storch das perfekte zweite Wappentier des Elsass. Vielleicht, weil er nicht müde wird zu betonen, wie wichtig Traditionen gegen die Eintagsfliegen der Gastrotrends sind? Unnachgiebig setzt er sich für die elsässische Dreifaltigkeit aus Sauerkraut, *Baeckoffa* und *Kougelhopf* ein. Sein Glaubenssatz: »Die einfachen Dinge muss man traditionell machen! Wenn man die frischen Zutaten aus dem Elsass verwendet, kann das nur super sein, damit wird man die beste Küche servieren.«

Das Besondere seines Restaurants ist jedoch nicht allein das *choucroute* auf der Karte, sondern das Bemühen um den einzelnen Gast: »Die Leute rufen mich an, bestellen einen Tisch und ich frage sie, worauf sie Lust haben und lasse danach etwas zubereiten. Zum Beispiel einen Apfelkuchen mit dünnem Blätterteig, den es nur speziell für sie gibt.« Natürlich hat er auch eine feste Karte, aber er zwinkert: »Gerade mit den kleinen Kunstgriffen fühlt sich der Gast wie zu Haus – kann man sich Schöneres denken?«

Der Herr der Reben

Ein Winzer, der die Romantik ernster nimmt als das Geschäft

»Kommen Sie herein.« Eine Holztür öffnet sich, der Geruch von Gebratenem zieht durch die Diele. Ein geschwungenes Treppengeländer, handbedruckte Tapeten, ein Blick in die gute Stube. Häkeldecken auf dem Ohrensessel, an den Wänden fotografierte Familiengeschichte. Yvonne Siebert, Küsschen rechts und Küsschen links, die Wangen nach feiner Seife duftend, ist eine alterslos schöne Frau. Sie spricht deutsch wie viele Elsässer. »Wir hatten immer eine gute Beziehung zu Deutschland, meine Schwester lebte dort«, erzählt die 75-Jährige.

Yvonne Siebert blieb im Elsass, in Wolxheim. Wo sich die Häuser in einem kleinen Flüsschen spiegeln und ihrer Familie der halbe Ort gehört. Die alte Klostermühle, das Geranien bewachsene Fachwerkpalais, das ausladende Bauerngehöft und ein Renaissancehaus.

»Ich zeige ihnen alles.« Sohn Jean Bernard Siebert baute die alte Klostermühle der Familie zur Winzerei aus. Dunkles Haar, eine Zigarette im Mundwinkel, die Augen mal träumend, in der nächsten Sekunde zum Schalk bereit, ist er der Chef. Über sich selbst. Mitarbeiter kann er keine brauchen, sagt er, denn nur fünfzigtausend

Flaschen produziere er im Jahr. Muscat, Gewürztraminer, Riesling. Eine feine elsässische Auslese. »Ich könnte mehr herstellen, aber das will ich nicht!« Er betrachtet den messingfarbenen Tokay im Glas. »Lieber das Leben hier und jetzt genießen.«

Jean Bernard Siebert ist einer von 5800 Weinerzeugern im Elsass. Seine Winzerei touchiert die »Route des Vins d'Alsace«, die Elsässische Weinstraße, die sich auf 170 Kilometern von Nord nach Süd entlang der Vogesen-Ausläufer schlängelt. Sattgrüne Rebstöcke wachsen in den Horizont. Es riecht, duftet, zählt und interessiert nur eines: der Wein und seine Fakten.

Über 14.750 Hektar Anbaufläche sind bewirtschaftet, es gibt 119 Weinbaugemeinden, jährlich werden rund 1,2 Millionen Hektoliter Rebensaft produziert.

Das Elsass ist der Garten Eden Frankreichs. Mit einer der geringsten Niederschlagsmengen profitieren die Winzer von einem halbkontinentalen Klima. Es ist sonnig, trocken und warm. Die Trauben reifen langsam, die Aromen können sich entwickeln.

Der Boden gleicht einem bunten Patchworkteppich. Eine Mischung, die von Granit bis zu Kalkstein, über Schiefer zu Sandstein reicht. Ideale Bedingungen für unterschiedliche Rebsorten und für eine Zeitreise in Sachen elsässische Weinkunde.

»Gallia est omnis divisa in partes tres«, begann Cäsars Bericht über die Eroberung Galliens von 58–51 v. Chr. Die Römer hoben nicht nur die drei Teile Galliens auf, sondern brachten auch den Weinanbau in die Region.

Auch die einfallenden Merowinger und Karolinger sprachen später dem Rebensaft zu, den Humpen des »kräftigenden Weines, der fröhlich macht«.

Im Mittelalter florierten die Weine des Elsass zu alkoholischen Diven. In Europa zählten sie zu den teuersten Tropfen. Die Auswahl der Reben und ihre Produktion unterlagen strengen Richtlinien.

Mit dem Hundertjährigen Krieg gegen England begann der Niedergang der Winzerei. Es war die Zeit der Jeanne d'Arc, des Mädchens aus Lothringen, das Frankreich rettete. Und es war die Zeit der Pest, die auch im Elsass Geisterdörfer hinterließ.

Erst Jahrhunderte später, nach dem Ersten Weltkrieg, kultivierte die Region erneut ihren Wein. Nach 1945 wurden die Anbauflächen begrenzt und Regeln zur Erzeugung aufgestellt.

Und wie sieht es heute mit der Qualitätskontrolle aus? Drei Etiketten sind derzeit auf den Flaschen zu finden: die »Appellation d'Origine Contrôlée Alsace« oder »Vin d'Alsace« gilt als älteste kontrollierte Herkunftsbezeichnung. Sie wurde 1962 eingeführt und etwa 83 Prozent der angebotenen Flaschen laufen heute unter diesem Emblem.

Rar sind die mit dem »A.O.C. Alsace Grand Cru«-Insignien versehenen Weine. Sie gelten als

Diamanten unter den Auslesen, nur vier Prozent erhalten nach der strengen Prüfung durch eine Expertenkommission diese Auszeichnung für ihre Lage und den minimalen Alkoholgehalt.

Das dritte Etikett bezeichnet den »A.O.C. Crémant d'Alsace«. Prickelnd-schäumende Tropfen, die traditionell hergestellt werden wie in der Champagne. Sie machen rund dreizehn Prozent der elsässischen Produktion aus und gelten als Markenführer unter den *crémants*: Ein Drittel der getrunkenen A.O.C.-Schaumweine in Frankreich sind »Crémants d'Alsace«.

Das Etikett der »Vins d'Alsace« schmückt auch Sieberts Flaschen. 1974 stieg er in das Weingeschäft ein. Kaufte Anbauflächen, pflanzte die ersten Reben. Sie stammten noch von seinem Großvater. »Er war eigentlich Müller und erwarb die alte Klostermühle der Benediktiner.« Wo die Mönche früher dem Tagesablauf des »ora et labora«, des Betens und Arbeitens, nachgingen, sind heute große Fassanlagen installiert. Zwei Jahre erlernte Jean Bernard auf einer Winzerschule im Haut-Rhin seinen Beruf. »Ich hatte wenig Ahnung von Wein. Die ganze Materie war komplett neu für mich.«

Weniger nach Regeln und Leitsätzen arbeitet er heute, sondern nach Gefühl. »Jedes Jahr lernt man ein Detail dazu. Denkt und fühlt sich ein.«

Die Wände seines Kellers zieren zahlreiche Urkunden. Auszeichnungen seines Gespürs für den Wein.

Seine Zeit verbringt er am liebsten in den Reben. Stiefelt durch die Weinberge, schneidet, kultiviert und setzt auf eine spezielle Bodenpflege. Der Trend bei den Winzern ist zur Zeit die kontrolliert-natürliche Bodenbegrünung. Man lässt zu, dass sich ein vielfältiger Pflanzenteppich bildet, der Wasser speichern und vor Nitratausschwemmung schützen kann.

Siebert inspiziert die Trauben. In ungefähr sechs Wochen haben sie den optimalen Reifegrad erreicht. In dieser Zeit steigt der Zuckergehalt in den Beeren, der Säuregehalt nimmt ab. Die Weinlese wird im Elsass von einer Expertenkommission festgelegt und offiziell eröffnet. In den meisten Betrieben erntet man wie einst: per Hand. Rund 250 Arbeitsstunden verschlingt ein Hektar Reben. Jean Bernard Siebert regiert über sechseinhalb Hektar Anbaufläche – bei der Weinlese helfen jedoch nur zwei ältere Männer mit.

Sieberts Unternehmen ist ein kleiner, überschaubarer Betrieb mit feinen, sauberen Weinen. »Sicher, man könnte mehr produzieren, aber das finde ich weniger romantisch. Immer nur auf Perfektion und Erweiterung hinzuarbeiten, das macht keinen Sinn. Ob ich den Wein nun für zehn oder für fünfzehn Euro verkaufen kann, ist mir letztlich egal.«

Sein Idealismus ist die Ausnahme. Für die meisten Winzer ist der Wein hartes Geschäft. 460 Millionen Euro werden im Elsass jährlich mit Flaschenweinen umgesetzt. Ein Drittel der in ganz Frankreich getrunkenen Qualitätsweine stammt aus der Region.

Das Exportgeschäft läuft gut. Deutschland war dreißig Jahre lang der wichtigste Abnehmer der elsässischen Gewächse. Im Jahr 2001 fiel es erstmalig zurück und wurde von Belgien und Luxemburg abgelöst. Gefolgt von den Niederlanden, Dänemark und den USA. Einen großen Schritt machten die Schweizer Nachbarn: Sie steigerten ihren Konsum von Elsässer Weinen um fünfzig Prozent. Selbst in Kanada trinkt man den Vin d'Alsace: Das Land ist heute zum siebtwichtigsten Abnehmer aufgestiegen.

Wein gleicht Spekulation und Börsenspiel. Die Faktoren sind nicht E-Commerce, Neuemissionen und Nebenwerte, sondern die Natur, Wetterkapriolen oder Schädlingsbefall. Siebert blickt auf das Jahr 2001 zurück. Kein besonders gutes, kein besonders schlechtes Jahr für die Weinbauern. Der Riesling hatte eine ausgewogene Konzentration, seine charakteristische Frische bewahrt und zählte zu den Vorzeigeobjekten. Die Spätburgunder präsentierten sich in tiefen, warmen Herbstfarben, die auf den guten Gesundheitszustand der Trauben schließen ließen. Ergebnisse, die Jean Bernard an alte Zeiten denken lassen.

Auf der Winzerschule demonstrierten seine Professoren, wie man vom Aussehen der Blätter auf Krankheiten, schlechten Wuchs oder den falschen Pflanzplatz schließen kann. Stunden hat er mit den Lehrmeistern im Regen oder in der Sonne verbracht. Immer im Weinberg, immer am Objekt. Aber heute?

»Oft kommen Praktikanten aus den Winzerschulen zu mir und ich bin ganz entsetzt: sie besitzen viel Wissen aus ihren Büchern, aber wenig Ahnung, wie sie es in die Praxis umsetzen können.«

Die Gründe dafür? »Es gibt im Elsass alte, etablierte Winzerbetriebe. Die Nachfahren dieser Familien werden in die Schulen geschickt. Sie sollen den Hof der Eltern übernehmen, haben aber noch kein Gefühl und kein Interesse für den Wein. Mancher will einfach schnell zu Vermögen kommen. Die Passion ist weg. Am liebsten würden sie die Natur regieren, wenn sie könnten.«

Einige der alten Winzerfamilien haben sich zusammengeschlossen: zur Confrérie Saint-Etienne. Sie zählt zu den ältesten Weinbruderschaften Frankreichs. Ihre Satzungen stammen aus dem Jahre 1561 und gelten heute noch.

Der Stammsitz ist das Schloß Kientzheim nahe Colmar. Wie es einer Bruderschaft würdig ist, befehligen die Herren, die einmal im Jahr die erlesensten Weine mit einem Siegel auszeichnen, eine entsprechende Önothek. In ihr lagern alkoholische Goldbarren: fünfzigtausend Flaschen, die gehütet werden wie das zweite Buch des Aristoteles. Bewacht von einem blinden Greis in Umberto Ecos Roman »Der Name der Rose«. Flüsternd erwähnt man auch in den Katakomben der Weinbruderschaft die Sammlung »Méquillet«, deren älteste Flaschen aus dem Jahrgang 1834 stammen. Sowie eine vollständige Reihe aller Jahrgänge seit 1947 …

Jean Bernard Siebert entkorkt eine Flasche Grauburgunder. Eine Sorte, die er im Moment gut verkauft. Er schwenkt das Glas. »Wein ist immer der Mode unterworfen. Mal sind die süßeren Tropfen begehrt, wie der Tokay, manchmal die herben, trockeneren.«

Er liebt seinen Beruf – aber heute noch einmal neu anfangen? »Das ist wirklich schwer. Die besten Rebflächen sind schon seit Jahren verkauft und wenn gute Flächen abgegeben werden, dann nur, wenn jemand stirbt. Und auch die weniger prominenten Rebflächen sind kostspielig. Zwischen acht- und sechzehntausend Euro pro Hektar muss man selbst dafür rechnen.«

Problematisch sind die wechselnden Wünsche der Kunden. »Jetzt verkaufen wir den Grauburgunder gut. Aber es kann sein, dass ich vor fünf Jahren ganz andere Reben gesetzt habe – also gar keinen Grauen produzieren kann!«

Jean Bernards schwärzester Tag war der 6. Juni 1981. Seine gesamte Ernte wurde durch heftige Hagelschauer zerstört. »Damals war ich nicht versichert und befand mich kurz vor dem Zusammenbruch. Ich hatte Boden gekauft und brauchte Zeit, um mich von den Investitionen zu erholen. Die Kunden liefen weg, weil ich keinen Wein anbieten konnte.«

Heute können die Winzer Rebenversicherungen abschließen, aber die sind teuer. »Ich zahle rund fünftausend Euro pro Jahr. Wenn ich das auf die Seite legen würde, könnte mir auch ohne Versicherung nichts passieren. Doch für dieses

Geld investiert man lieber in neues Gerät, anstatt zu sparen.«

Trotz der Unwägbarkeiten, bleibt der Weinbau seine Passion. »Eine Leidenschaft, die niemals langweilig wird. Jedes Jahr ist der Wein ein anderer, niemals gleich. Kenner wissen das.«

Auch seine Mutter Yvonne liebt seine Produkte, riecht mit geschlossenen Augen am Glas und befindet, sie spüre den Menschen darin. »Geradlinig, aber manchmal etwas verrückt – genau wie er.«

Untreu wird der Weinbauer seinen Erzeugnissen nur außer Haus. »Natürlich probiere ich die Produkte der Konkurrenz. Unter Winzern herrscht schließlich Wettbewerb. Jeder will der Beste sein und seinen Wein verkaufen.« Er grinst und deutet mit dem Finger nach unten.

»Aber ich denke, in ein zwei Meter tiefes Loch passt nicht allzu viel rein. Zwei Tage sagen sie: Das war ein toller Kerl, und am dritten wollen sie deine Reben und dein Land kaufen. So ist das bei uns. Ein wunderschönes, aber knallhartes Geschäft.«

Ein Elsässer in New York

Wie aus einem Koch ein Geschäftsmann wurde

Der Geruch von Flammkuchen zieht durch Colmar. Geräusche fluten durch die schmalen Gassen und beteiligen auch jene, die nicht beteiligt sein wollen: an der Musik französischer Chansons, Kindergeschrei, aufgeregtem Hundegebell – aus jedem Fenster dringt ein neues Konzert.

Es ist Mittagszeit im Quartier des Tanneurs. Zwischen den Fachwerkhäusern dümpelt die Lauch. Dunkel, fast unbeweglich, nur in kleine Wellen versetzt, wenn schmale Holzkähne sie durchfurchen. An ihrem Ufer ruht ein Haus aus der Renaissancezeit, die Fassade im *Trompe-l'œil*-Stil bemalt, die Karte an der Eingangstür ist frisch gedruckt.

Innen ein lichter Raum, moderne Sessel, Sofas. Kühl und sachlich, ohne eine Spur von elsässischer Gemütlichkeit. Eine durch Glas getrennte, offene Stahlküche, wie man sie in Paris oder New York erwarten würde.

»Das ist das Konzept des Restaurants«, erklärt der Besitzer, »man kann sich wie in einer Metropole fühlen, die Atmosphäre soll relaxt sein.«

Jean-Yves Schillinger ist der bekannteste Koch Colmars, vielleicht auch so etwas wie einer der jungen, wilden Generation. Er hat zwei Restaurants in New York eröffnet und ist mit 39 Jahren zurück in seine Heimatstadt gekehrt. Auf den ersten Blick erinnert er an den Schauspieler Ben Becker. Kräftig, rötliches Haar, Sommersprossen, energisches Kinn. Auf den zweiten Blick sieht man die nachdenkliche Falte über der Nase, die sich hochzieht in das zurückgegelte Haar.

Als Koch wurde er bereits geboren und kam gar nicht erst auf die Idee, etwas anderes zu tun als es Vater, Großvater und Urgroßvater schon taten: auf Sterne-Niveau zu experimentieren. Schillinger besuchte die Hotelfachschule in Strasbourg, kochte später in Paris bei Drei-Sterne-Star Robuchon und ging schließlich zurück nach Colmar, in das prominente Lokal seiner Familie. Vater und Sohn standen dort bis zum 27. Dezember 1995 zusammen am Herd. »In dieser Nacht legten Kriminelle im Restaurant Feuer«, erzählt er, »mein Vater starb in den Flammen.«

Er blickt kurz in die offene Küche. »Ich hatte damals keinen Franc, wusste nicht weiter und ging nach New York.« Sein erstes Restaurant eröffnete der junge Koch 1997 im Big Apple. Nach langer Suche gelang es ihm, einen Financier zu überzeugen. Er lieh sich ein kleines Vermögen für die Ausstattung einer Küche und des Lokals. Die New Yorker waren neugierig, das Restaurant lag im Trend. »Ich habe nie elsässisch, sondern immer französisch-mediterran gekocht. Von einem Franzosen in New York erwartet man nichts anderes«, erzählt er.

Später eröffnete er sein zweites Drei-Sterne-

Restaurant in Manhattan. »In der Stadt gibt es 25.000 Restaurants, zum Überleben braucht man Sterne.«

Heute sind sie ihm nicht mehr so wichtig. Sterne sind zwar gut fürs Renomee, aber mit ihnen ist nicht unbedingt ein Vermögen zu verdienen. Er begrüßt eintretende Gäste. Eine gedämpfte Unterhaltung, er führt sie zu Tisch. Draußen spähen Japaner durch die Scheiben, trotten weiter zur benachbarten *Winstub*. Für viele Touristen passt Schillingers Lokal nicht ins Elsass-Klischee.

Im Jahr 2002 entschloss er sich mit seiner Frau Kathia wieder nach Colmar zu gehen, die gemeinsame Tochter solle im Elsass aufwachsen, beschloss das Paar. Nun pendelt Schillinger zwischen der Fachwerkstadt und New York. Sein Arbeitstag umfasst mindestens 16 Stunden, auch am Wochenende. »Ich habe viel von New York gelernt«, sagt der Elsässer. »Wenn man nicht aufpasst, ist man nach drei Monaten weg vom Fenster – man muss immer etwas Neues bieten.«

Das will er auch im Elsass – vielleicht noch ein weiteres Restaurant eröffnen, er spielt mit den Händen: »Warum nicht, ich bin noch jung, habe noch viel Zeit.«

Nur manchmal fühlt sich der kochende Geschäftsmann isoliert. »Ich hatte früher jede Menge Kontakte. Nachdem ich wieder hier bin, sind die Freunde weg. Vielleicht ist das der Preis, den man für den Erfolg von drei Lokalen zahlt.«

Pieter Brueghel zerstückelt

Der Fall Breitwieser: die größte private Kunstvernichtungsaktion aller Zeit

Eschentzwiller ist ein kleiner, ruhiger Vorort von Mulhouse, nichts Besonderes. Wer würde vermuten, dass hier ein Kellner lebte, der sich auf millionenschwere Kunstdiebstähle verstand? Ja mehr noch: seine Kunstschätze hinter zugezogenen Gardinen bewunderte, während sich Museen in ganz Europa fragten, wo die Gemälde alter Meister, darunter Lukas Cranach der Jüngere und Pieter Brueghel, François Bucher oder Antoine Watteau, verblieben waren? Schließlich das traurige Resultat: Bei Bekanntwerden der Diebstähle zerstörte die Mutter des Langfingers in der größten privaten Kunstvernichtungsaktion seit Menschheitsgedenken alle Werke. Unwiderruflich, für die Nachwelt auf immer verloren.

Die Kriminalgeschichte beginnt in einem gutbürgerlichen Elsässer Haushalt.

Stéphane Breitwieser, Sohn eines Kunstmalers, interessiert sich schon als Junge für die Kunst. Als er 24 Jahre alt ist, entwickelt sich die Liebe zur Besessenheit. Der Besuch von Museen reicht Breitwieser nicht mehr aus. Er will seine private Kunstsammlung aufbauen. Mit dem Gehalt eines Kellners ist das freilich Utopie. Der Kunstnarr verwandelt sich in einen Kleptomanen, schneidet gezielt die Werke belgischer und flämischer Künstler aus den Rahmen und lässt sie unbemerkt in einen Rucksack oder unter seinen Mantel gleiten. Kleinere Museen, die ungenügende Sicherheitsvorkehrungen haben, sind ebenso das Ziel seiner Raubzüge wie der Louvre in Paris.

In einem Strasbourger Rahmengeschäft, in dem Stéphane Breitwieser, der Mann, der sich wie ein Mimikrifalter verwandeln konnte und in dem elsässischen Dorf untertauchte, Kunde war, schien Geschäftsinhaber Christian Mechler etwas zu bemerken: »Irgendwann spürte ich, dass er als Sammler aus dem Gleichgewicht geriet, dass er einer Manie verfallen war und auf die schiefe Bahn geriet«, sagt er.

Ja, man bemerkte es. Gleichwohl – es geschah nichts.

Breitwieser »sammelt« weiter: Im April 2001 schlendert er durch das Städtische Museum in Köln, begleitet von seiner Freundin Anne-Catherine Kleinklaus. Während sie das Wachpersonal ablenkt, wie man es aus schlechten Filmen kennt, bricht er eine Vitrine auf und stiehlt elf Silberobjekte. Der Diebstahl wird erst Tage später bemerkt, da er die verbliebenen Gegenstände wieder geschickt drapiert.

Auf diese Weise plündert der Elsässer in Galerien, Schlössern und Ausstellungen acht europäischer Länder. Alte Musikinstrumente, Gemälde, Skulpturen, Silbergefäße – nichts ist vor dem Kunstmarder sicher. Insgesamt 172 Werke entwendet er von 1995 bis 2001 aus über fünfzig Museen. Der Gesamtwert der in Deutschland, den Niederlanden, Belgien, der Schweiz und Frankreich geraubten Kunstschätze wird auf zwei Milliarden Euro geschätzt.

Kunstfahnder wurden auf die Spur der gestohlenen Güter angesetzt, denn irgendwann, spätestens wenn sie verkauft werden sollen, erscheinen diese erfahrungsgemäß wieder auf den Markt.

»Wir haben das Verschwinden all dieser Kunstgegenstände seit 1995 verfolgt und uns gewundert, dass sie nirgends wieder auftauchen«, sagt Alexandra Smith von der Meldestelle für gestohlene Kunstwerke in London. Dort vermutete man, dass organisierte Auftragsdiebe, die im großen Stil arbeiten, hinter den Raubzügen steckten. Dass indes ein Kunstnarr seine eigene Privatsammlung aufzubauen versuchte, kommentiert Smith als »eine unglaubliche Geschichte.«

Pascal Schultz von der Strasbourger Staatsanwaltschaft war erstaunt, wie simpel die Raubzüge für den Kunstnarren waren: »Ich war völlig überrascht, wie einfach und problemlos Breitwieser operieren konnte, und das in Hunderten von Fällen, an ganz verschiedenen Orten. Die Sicherheitsvorkehrungen sind offensichtlich in vielen Museen mangelhaft.«

Verhängnisvoll wurde für Stéphane Breitwieser ein Diebstahl im Richard-Wagner-Museum in Luzern. Es ist November 2001. Ein Sonntag wie viele, Paare schlendern im Urlauberschritt an den Vitrinen vorbei. Auch der Kunstversessene mischt sich darunter. Er hebelt eine Vitrine auf, entwendet ein Prunkhorn aus dem 16. Jahrhundert und verschwindet unbemerkt. Direktor Ueli Habegger gibt später zu Protokoll, es müsse sich um einen »hochprofessionell arbeitenden Trickdieb« handeln, da sein Museum gut gesichert sei.

Zwei Tage später gerät Breitwieser in die Falle seiner eigenen Habgier. In der gleichen Sammlung hat er es auf weitere Schätze abgesehen und wird vom Wachpersonal wiedererkannt.

Er landet in Untersuchungshaft in Luzern. Der Kleptomane gesteht den privaten Beutezug. Die Schweizer ziehen nicht nur Breitwiesers krankhaften Sammelsinn, sondern auch eine Geldwäsche in Betracht. Als internationale Drehscheibe für den Handel mit illegalem Kunstgut ist das Alpenland in Kennerkreisen berüchtigt wie bekannt. Die Schweizer Behörden verständigen umgehend die französische Polizei. Doch als diese in Breitwiesers Wohnung in Eschentzwiller eintrifft, ist es bereits zu spät.

Die Bilder der alten Meister sind zerstückelt worden, das antike Gut versenkt.

Kurz vor Pfingsten entdecken Spaziergänger an den Ufern des Rhein-Rhône-Kanals schimmernde Gegenstände. Es sind Vasen aus den Beutezügen.

Ein paar Stunden später stochern Soldaten der französischen Armee nahe des elsässischen Dorfes Gerstheim mit langen Stangen auf dem Grund des Kanals. Mit Metalldetektoren sucht man die Flussufer ab, rund fünfzig Taucher werden eingesetzt. Vergeblich. Mireille Breitwieser, Stéphanes Mutter, hat rund hundert Kunstgegenstände aus dem 16., 17., und 18. Jahrhundert im Rhein-Rhône-Kanal versenkt, als sie von der Festnahme ihres Sohnes hörte. Die kostbaren Gemälde zerschnitt die 51-Jährige und entsorgte sie später über den Hausmüll. Rache oder der Versuch Beweismaterial gegen ihren Sohn zu vernichten?

Der Fall Breitwieser warf viele Fragen auf. Einige Objekte konnten aus dem trüben Wasser gefischt werden. Cranach, Brueghel und Watteau allerdings sind für alle Zeit verloren.

Gegen Mireille Breitwieser wurde ein Strafverfahren eröffnet, ebenso gegen die frühere Freundin und Komplizin des Kunstdiebs.

Nach Bekanntwerden des Falles kündigte die elsässische Regionalzeitung *Les dernières nouvelles d'Alsace* eine Retrospektive an. Es handelte sich dabei zynischerweise um Ölbilder von Robert Breitwieser, einem Großonkel des Kunstdiebs. Der Maler hatte Stillleben, Landschaften und Porträts im Stil der alten, flämischen Meister festgehalten. Just jener Künstler, auf die sich sein Großneffe fünfzig Jahre später so besessen spezialisierte.

Vom Leben zwischen Bergen und Tälern

Alles aussteigen bitte: Freaks und Bauern bewirtschaften die »fermes auberges«

Marie legt sich eine Strickjacke um die Schultern, sie fröstelt. »Wir hätten nie gedacht im Gebirge zu landen.« Pause. Die letzten Scheite im Kamin glimmen auf, dann erlöschen sie. »Man weiß nie, wie das Leben spielt.«

Mit ihrer schwarzen, rückenfreien Korsage, den hochhackigen Sandaletten und dem engen, knöchellangen Rock wirkt die junge Frau, als sei sie zu Besuch auf der Auberge Segersthal bei Natzwiller. Reingeschneit aus Paris, Lyon oder Marseille.

Und vielleicht wünscht sie sich in manchen Stunden zurück in eine dieser Metropolen. In Stunden, in denen Kaskaden von Regen über die Tannen stürzen, das Geröll von den Bergen spülen, die Wege aufweichen und sogar die zahmen Wölfe des Nachbarn trockenen Unterschlupf suchen lassen. Dann, wenn Städte wie ein Bollwerk, ein dickes Kissen gegen alle Unbill dieser Welt erscheinen. Kapitalen, in denen es Kneipen, Bistros, Cafés, Theater und Buchhandlungen gibt.

Die Wünsche werden profan in einem Fünfhundert-Seelen-Dorf. Aber das gesteht sich Marie eher verhalten ein. Denn die *auberge* in den Bergen war ein Traum. Vom Aussteigen, vom Selbständigsein, von der romantischen Idee ein kleines Lokal im Elsass zu führen. So zogen sie und ihr Mann 1998 von Strasbourg nach Natzwiller, um dort die *auberge* in den Bergen zu übernehmen.

Klassisch sind Großstädter in den Reihen der *Ferme-auberge*-Besitzer nicht. Meistens sind es Bergbauern oder Landwirte, die die Höfe führen, denn die Vereinigung der *fermes auberges* verlangt nicht nur einen Gaststätten-, sondern auch einen Bauernhofbetrieb.

Siebzig Prozent der angebotenen Speisen sollen vom eigenen Hof stammen. Etwa 65 *fermes auberges* bieten deshalb nicht nur ein kleines *menue* und Speisen, sondern bewirtschaften auch den Hof dazu. Mit Kühen, Schafen, Ziegen und Hühnern hinterm Haus, Obstbäumen und Gemüsebeeten. Kulinarische Grundlagen für die »regionale, unverfälschte, elsässische Küche«, die in der Gaststube angeboten wird.

Seit über dreißig Jahren existiert die Ferme Auberge Lameysberg bei Breitenbach. Ein Familienbetrieb. In der Speisestube bollert ein Kachelofen, vor den Fenstern scheint die Abendsonne über ein weites Tal. Rauschende Bäume, murmelnde Quellen, Heidelbeeren und kniehoher Farn wachsen in den Wäldern. Es gibt weder Autos noch Lärm, meckern tun hier nur die Ziegen auf der Wiese.

Die meisten Wanderer, die die neunhundert Meter hoch liegende *auberge* erklimmen, bestellen sich die Spezialität: den Melkerteller. Ein Holzbrett mit selbst produziertem Munsterkäse, Bergkäse, tiefgelber Butter, duftendem Speck und dunklem Brot.

Die Auberge Lameysberg war ursprünglich ein Bauernhof. Erst später baute Familie Kempf das kleine Lokal an. Immer noch schlummern die wichtigsten Lieferanten für den selbst verarbeiteten Käse auf den Wiesen: langwimprige, vogesische Kühe, die pro weicher Nase rund viertausend Liter Milch im Jahr liefern.

Aus der sahnigen Rohmilch stellt die Familie den *Munster fermier* in Handarbeit her. Die Milch wird eingelabt, gesalzen, geformt und drei Wochen gelagert. Der kleine, runde Käse, dessen Fertigung irische Mönche im 7. Jahrhundert erfanden, besitzt später ein stolzes Gewicht. Er ist fast ein Pfund schwer und sein Geruch so umwerfend, dass mittlerweile eine ganze *route* nach ihm benannt wurde: die »Route du fromage«.

Entlang dieser Strecke, die Hohneck und Markstein passiert, breiten sich prallgrüne Almwiesen aus. Viele Bauernhöfe, die früher nur Viehzucht betrieben, haben sich in *fermes auberges* verwandelt. Sie bieten kräftige Mahlzeiten für Wanderer, manchmal auch ein Bett für die Nacht.

Heute sind die Berghöfe gut besucht, anders als in den siebziger Jahren, als das karge Leben in den Höhenlagen Ausflügler eher abschreckte. Der steile Anstieg, die Aussicht auf eine bitterkalte Nacht ohne Heizung und Strom ließ die meisten den Rückzug antreten. Man liebte es bequem – im Auto auf geteerten Straßen zum Essen zu fahren. Die dreißig verbliebenen *fermes auberges* schlossen sich zu ihrer eigenen Rettung zusammen. Sie forderten ausgebaute Wege, ein Stromnetz, förderten mit der Anzucht von vogesischen Kühen die Milchwirtschaft und sind heute wieder ein interessantes Ausflugsziel. Unterschiedlicher könnten die Berggasthöfe kaum sein. Die einen offerieren nostalgische Schlafsäle, die anderen Heu, die nächsten gar kein Bett. Mal sind sie nur über Wanderwege erreichbar, dann wiederum leitet eine gut ausgebaute Straße direkt vors Haus.

Dunkel klingen die Kuhglocken über den Lac des Truites, malerisch weiden Kühe an seinen Ufern. Zur Auberge Lac du Forlet sollte man die letzten Kilometer gehen. Der Berggasthof liegt auf 1100 Meter Höhe, dort, wo Fichten und Tannen nur noch spärlich wachsen und sich Moose und Flechten als Teppiche über die Steine ziehen. Das Haus ist aus dunklen Bruchsteinen gebaut und mit Schiefer gedeckt.

Die Holztür knarrt. Innen rot-weiß-karierte Tischdecken, der Kamin knistert, der Duft von frisch gebackenem Brot weht durch die niedrige Gaststube. Eine *Madame* schlurft aus der Küche. Die runden Apfelbäckchen lächeln, sie trocknet die Hände an ihrer Schürze ab.

Das *menue*? Es ist mehr Feststellung als Frage. Schon glänzt ein Gewürztraminer in den Gläsern, dampft die Fleischpastete, kommt der Hauptgang: ein Kasseler mit gedämpften Kartoffeln und Salat.

Und zum Nachtisch? Kneifen gilt nicht, protestiert *Madame* und serviert ofenwarmen Zwetschgenkuchen.

Der *repas marcaire*, die Mahlzeit, für die selbst Hungrige eine gute Kondition brauchen, wurde nach den Milchbauern, den *marcaires*, benannt. Und sie war auch für diese hart arbeitende Spezies gedacht. Heute sitzen Schweizer, Deutsche und Franzosen auf den langen Bänken. Die Holztür öffnet sich im Sekundentakt, Rucksäcke lagern in den Ecken, die Scheiben sind beschlagen. Die *fermes auberges* sind tatsächlich wieder ein beliebtes Ausflugsziel. An das einstige Sterben der Bergbauernhöfe mag keiner mehr denken. Im Gegenteil, wer nicht zu Fuß ist, nimmt sich als Andenken noch eine Portion Munsterkäse mit. Und die wackeren Wanderer? Räkeln sich genüsslich beim Mittagsschläfchen in den sattgrünen Almwiesen.

Ein hochprozentiges Parfum

Wie aus feinen Früchten edle Schäpse werden

Wie Raureif legten sich winters die Düfte der Obstbrände über die Bauernhöfe. In jedem Weiler, und war er noch so winzig, gab es Brenner, die für ihr feines Destillat bekannt waren. Ganze Prozessionen setzten sich in Bewegung, um den warmen, frischen Brand zu probieren.

Das Schnapsbrennen ist fürs Elsass so traditionell wie die Weinfeste, der Blumenschmuck oder das Weihnachtsgebäck. Jeder Bauer besaß eine Reihe stattlicher Obstbäume. Kirschen, Mirabellen, Reben für den Tresterschnaps. Und jeder hatte das Recht, rund zwanzig Liter für den eigenen Gebrauch zu brennen.

Heute agieren rund zehn Obstbrenner offiziell im Elsass. Yves Lehmann, der seinen Betrieb in Obernai führt, besitzt eines der ältesten Unternehmen.

Eigentlich ist der Mann mit den gesetzten Bewegungen und dem ruhigen Gesicht Sozialpädagoge. Irgendwann wurde ihm dieser Job zu viel. Die Schicksale der Kinder, die man von Amts wegen aus dem Einflusskreis ihrer Eltern nahm, ließen ihn nicht mehr schlafen. Ließen ihn nicht mehr schlafen. Yves Lehmann wechselte den Beruf und entschloss sich, das Handwerk seiner Familie zu übernehmen: die Kunst der Destillation.

»Mein Urgroßvater besaß einen Gasthof«, erzählt er, während er einige Brände zum Probieren aufbaut. »Er vergrößerte ihn um 1850, um seine Spirituosen zu verkaufen. Damals gehörte er zu den ersten Pionieren, die Himbeeren brannten. Denn solche Früchte waren nicht traditionell in der Brennerei.«

Das Obst wurde von den Straßenbäumen und Sträuchern gepflückt. Sie gehörten dem Staat und konnten für ein paar Centimes abgeerntet werden. Im Winter schmauchten die Kamine in den Dörfern. »Die Bauern hatten die Feldarbeit abgeschlossen«, schmunzelt Lehmann, »und sie setzten darauf, dass die Kontrolleure bei ungemütlichem Wetter wie Schnee, Regen oder Sturm viel seltener kamen.«

Rund zehn Tonnen Obst brannte Lehmanns Großvater, sein Nachfahre verarbeitet heute rund zweitausend Tonnen im Jahr. »Straßenobst darf es allerdings nicht mehr sein, wir haben nur erstklassige Früchte.« Er zeigt auf eine prall gefüllte Kiste, »zum Beispiel eine besonders gute Kirsche, die es nur bei uns in Bischoffsheim gibt. Die Landwirte der Umgebung bringen mir das Obst jeden Abend vorbei. Ich probiere es. Ware aus dem Großmarkt kommt bei mir nicht in Frage.«

Sorgfältig wird sortiert. Schimmelstellen oder angefaulte Früchte sofort entfernt, denn sie würden die Gärung verderben. Das frische Obst wird eingemaischt, Reinzuchthefe zugesetzt. Die ersten Bläschen steigen in der Fruchtmasse auf, es duftet und gärt. Je nach Obstart dauert der Vorgang bis zu fünf Wochen. Ein natürliches Hexenwerk: die Hefe verwandelt den Fruchtzucker in Alkohol und spaltet das über den Gärspund entweichende Kohlendioxyd auf. Ist die Zauberei abgeschlossen, erfolgt der Brand.

Alte Kupferbrennblasen schmückten noch den Betrieb, als Lehmann ihn von seinem Vater übernahm. Sie wirkten zwar dekorativ, aber die Maische wurde zu schnell heiß. Er musste aufpassen, dass sie nicht an Aroma verlor oder verbrannte. Der Nachwuchsbrenner investierte in moderne Destillationsapparaturen mit Wasserbad.

Zwei Brände erfordert heute ein guter Schnaps. Der erste lässt den Rohbrand mit einem Alkoholgehalt von 25 bis 35 Prozent entstehen, im zweiten wird der Feinbrand freigesetzt. Bevor das Destillat reif für die Flasche ist, muss es, ähnlich wie Wein und Whiskey, lagern. Große Glasballone muten an wie aus dem Labor eines Riesen. Sechs Monate lang schlummert ein Feinbrand hier.

Lehmann schnuppert an einem Heidelbeerschnaps, »je länger sie ruhen, desto weniger brennen sie auf der Zunge«, er nimmt einen kräftigen Zug. Inzwischen verkauft er seine scharfen Schätze nicht nur in Frankreich, sondern auch nach Deutschland, in die Niederlande oder nach Dänemark. »Alle Länder, die nördlicher liegen als wir, haben eine ausgeprägte Schnapstradition. Die Menschen leben dort mehr zu Hause als in

Südfrankreich, sie laden sich öfter untereinander ein.«

Seine Brennerei ist ein überschaubarer Betrieb, die Hälfte des Umsatzes wird vor Weihnachten gemacht. Präsentkartonagen, mundgeblasene Flaschen, man könnte auch sagen, exquisite Verlegenheitsgeschenke, die man sich in allen Firmen der Welt überreicht. Auch in Vinotheken sind seine Kostbarkeiten zu finden, doch nicht in Supermärkten. »Die verkaufen nur einen Preis, aber kein Produkt. Das möchte ich für meine Ware nicht«, erklärt Lehmann entschieden.

Heute gibt es nur eine Hand voll Obstbrenner im Elsass. Zu wenig, um eine eigene Schule, wie bei den Winzern üblich, zu unterhalten. Die »Fédération Nationale des Distillateurs d'Eaux-de-vie de Fruits« setzt sich jedoch für die Qualitätssicherung ein. Seine nächste Idee hat Lehmann dort schon vorgetragen, man könnte sie als Obstbrand-Event-Tourismus bezeichnen.

»Früher haben die Bauern Schnapsbrennen und Kochen verbunden«, erzählt er und die Vorstellung macht ihm sichtlich Spaß. »In den Trester wurde ein Schulterblatt vom Schwein eingelegt und mitgegart. Die Schulter nahm den Trestergeschmack, aber nicht den Alkohol an. Dazu gab es Kartoffelsalat und einen Schnaps!«

Neugierige dürfen künftig das nostalgische Brennermahl erleben: beim Destillieren zuschauen und später das Essen verkosten. Dass sie dann auch das eine oder andere Fläschchen Obstbrand mitnehmen – er zuckt freundlich die Schultern –, das versteht sich für den tüchtigen Elsässer ganz von selbst.

Wenn Häuser Beine bekommen

Fachwerkhäuser sind keine Immobilien, eher Mobilien – sie ziehen mit

Was ist das Faszinierende an der Schnecke? Zweifelsfrei ihr Haus. Die Vorstellung, immer und überall mobil zu sein. Das reizte die Nomaden in der Tundra, Diogenes im Fass und heute die Wohnmobilisten.

Vielleicht ist das Umherziehen in den Genen verankert und nur der süchtig machende Cocktail aus Eigentum, Zäunen und modernem Lifestyle verhindert die Beweglichkeit.

Der 1920 in Prag geborene Jude und Philosoph Vilém Flusser begriff sich zeitlebens als Nomade. 1998 hielt er einen Vortrag »Über die Zukunft des Hauses« – über eine Behausung im Zeitalter der Kommunikation.

»Das heile Haus mit Dach, Mauer, Fenster und Tür gibt es nur noch in Märchenbüchern. Materielle und immaterielle Kabel haben es wie einen Emmentaler durchlöchert: auf dem Dach die Antenne, durch die Mauer der Telefondraht, statt Fenster das Fernsehen und statt Tür die Garage mit dem Auto. Das heile Haus wurde zur Ruine, durch deren Risse der Wind der Kommunikation bläst. Das ist ein schäbiges Flickwerk.«

Flusser verlangte nach einer neuen Architektur. Vielleicht wäre dem Kommunikations-Ästheten, dem nomadisierenden Philosophen, der 1991 bei einem Autounfall starb, der Gedanke einer mobil-traditionellen Behausung angemessen erschienen.

Für Ginette Brenner jedenfalls ist die Beweglichkeit der Architektur kein Hirngespinst, sondern Alltäglichkeit. Sie lebt in einem historischen Fachwerkhaus, rund dreißig Kilometer von Strasbourg entfernt.

Sie ist keine Nomadin im Sinne des Eroberns, Entdeckens, der Mobilität. Doch – so das Wegziehen nötig wäre, wäre sie bereit: samt ihrem Haus.

Es riecht nach Tabak und dem verwirrenden Gemisch unzähliger Trockensträuße. Klares Morgenlicht fällt durch die Sprossenfenster. Senkt sich auf Bauernmöbel, einen alten Kachelofen und drei Hundedamen, die gähnend ihren Platz unter dem Esstisch verlassen.

Ginettes Fachwerkhaus ist um 1650 gebaut. Ein Veteran, doch es ließe sich, anders als der alte Baum, versetzen. So wie es die Brenners seit fast dreißig Jahren mit Fachwerkhäusern tun. Sie bauen Balken für Balken ab und an anderer Stelle wieder auf. Damit knüpfen sie an eine vergessene, aber jahrhundertealte Tradition des Fachwerkbaus an – seine Mobilität. Im Zweifelsfall wurde ein Domizil nicht veräußert, sondern es zog mit.

»Zum Beispiel wenn die Kinder heirateten«, erzählt Ginette Brenner, »dann war das Haus eine portable Aussteuerkiste.«

Fachwerkhäuser stehen heute als Riegelhüsli in der Schweiz, sind in Deutschland, England und Frankreich zu finden. Auch wenn man sie in der Normandie häufig sieht – keine Region Frankreichs ist so stark von ihnen durchsetzt wie das Elsass. Nicht immer allerdings sind die Knusperhäuschen als solche identifizierbar: Fassaden wurden oft zugeputzt oder mit Platten und Schindeln versehen.

Doch Orte wie Bouxwiller oder Schillersdorf sind fast komplett erhalten. Hunspach, das einem Baukasten aus properen, gut erhaltenen Fachwerkhäusern gleicht, gehört nicht nur zur Hautevolee der »Schönsten Dörfer Frankreichs«, sondern diente auch als Kulisse für »L'Ami Fritz«, einen Heimatfilm nach dem gleichnamigen elsässischen Roman.

Die Entscheidung für eine Fachwerkkonstruktion folgte nicht nur einem ästhetischen, sondern auch einem praktischen Sinn. Das Elsass ist ein Erdbebengebiet. Ein Haus mit einem Skelett aus Holz besitzt genug Elastizität, Erschütterungen auszugleichen.

»Es muss sehr lange wackeln, bis es richtig kracht«, erklärt Ginette Brenner, »selbst ein krummes Haus müsste man mit zwei starken Lkws niederreißen, so standfest ist es.«

Die Geschichte des Fachwerkhauses reicht zurück bis auf frühgeschichtliche Pfostenbauten. Rundstämme wurden bis zu einem Meter tief in die Erde gerammt, darauf Pfette und Sparren für das Dach befestigt. Erst später setzte man die

Hölzer auf ein Steinfundament und entwickelte damit den Ständerbau.

Ähnlich den mächtigen Masten auf großen Segelschiffen tragen die Ständer die Hauptlast der Fachwerkkonstruktion. Das gesamte Haus gleicht einem Bauklotzspiel: Alle Hölzer sind miteinander verbunden und verstrebt. Die Zimmermeister arbeiteten weniger nach Bauplänen und statischen Berechnungen als mit einem fast kunstsinnig anmutenden Gefühl für das Gleichgewicht. Damit schufen sie in Glanzzeiten Fachwerkhäuser mit bis zu acht vorspringenden Geschossen.

Jedes Fachwerkhaus ähnelt einer Landkarte, einem Bild mit eigenem Gesicht. Die Balken zwischen den Ständern, die dem Haus das Aussehen verleihen, werden als Riegel bezeichnet, diagonale Balken zwischen den Geschossen als Streben und schließlich die kurzen, diagonalen Balken zwischen den Riegeln als Bänder. Die Anordnung der Hölzer ergibt je nach Landschaft und Entstehungsperiode auf den Häuserfronten die unterschiedlichen »Fachwerkbilder«. Kleine Kunstwerke, in denen Kundige sofort die Entstehungszeit oder sogar die Handschrift des Baumeisters ablesen können.

Auf den Gedanken, die alte Handwerkskunst zu bewahren, kam André Brenner, Ginettes Mann, 1975 in Brumath. Dort befand sich eine alte Poststation. Die Ortsstraße war für den Autoverkehr zu eng geworden und das Gebäude sollte abgerissen werden.

»Ein wunderschönes Ensemble«, erinnert sich Ginette, »mein Mann bat den Grundstücksmakler um die Abbauerlaubnis.«

Mit Freunden und Verwandten zerlegte er das Fachwerkgebäude so fachgerecht wie der Waidmann das Wild oder der Gourmet seinen Fisch. »Alle Einzelteile waren gerettet und wir verkauften sie. Die Fassade ging nach Illhaeusern, ein Dachstuhl nach Haguenau und der Torbogen steht heute im Postmuseum von Riquewihr. Alles wurde genutzt und wieder eingesetzt.«

Nach dem Tod André Brenners übernahm Sohn Cedric den Betrieb. Er restauriert zur Zeit sein eigenes Fachwerkhaus, das ein Jahr zuvor noch im Nachbarort Ettendorf stand. »Im Elsass ist es schwierig ein Grundstück zu finden, auf ein Haus stößt man leichter«, berichtet der 42-Jährige, während er die schmale Steintreppe hochsteigt und die provisorische Holztür aufschließt. »Es ist zwar immer eine Extremlösung, ein Haus zu versetzen, aber es geschieht ja nicht allzu oft. Zumal das Einverständnis der Gemeinde und des Denkmalschutzes dazu nötig ist.«

Innen der Geruch von Erde und Lehm. In der Küche ein mächtiger Steinherd, der alles einmal beheizen soll. Fachwerkhäuser gelten als ökologisch und baubiologisch gesund, weil nachwachsende und natürliche Baustoffe verwendet werden. Grund genug für Cedric Brenner, nach dieser Tradition auch seine eigenen vier Wände zu bauen.

Noch liegt das Fachwerk von innen frei. Frisch

geschnittene Weidenzweige sind zwischen den Balken wie ein Korbgeflecht eingesetzt. Diese Ausfachungen werden später mit Lehm aufgefüllt.

Lehm war früher ein beliebter Baustoff, weil er günstig und schnell verfügbar war. Die meisten Gemeinden besaßen eigene Lehmgruben. Heute reichen moderne Materialien schwer an ihn heran: Lehm nimmt Luftfeuchtigkeit auf, speichert sie und gibt sie bei trockener Witterung wieder ab. Die Luftfeuchtigkeit im Haus liegt fast immer bei optimalen 45 Prozent.

Aufwändig ist das Anbringen, der so genannte Lehmschlag. Zwei Leute müssen das Flechtwerk zwischen den Balken beidseitig mit der Masse aus Lehm und Stroh, vermengt mit Rosshaar und früher auch Urin, um Bakterien fernzuhalten, bewerfen.

»Es ginge schneller, wenn man mit Steinen zumauern würde«, gibt Cedric Brenner zu, »aber es ist weniger haltbar. Da sich das Holzwerk bewegt und der Stein nicht mitarbeiten kann, würden sich nach einiger Zeit Risse ergeben.«

Das Interesse der Kunden und Bauherren an historischem Material wächst, nur die Angst vor Ungeziefer ist groß. »In den alten Häusern ist in der Regel kein Parasit zu finden – die Eiche ist hart, der Holzwurm kann nicht tief eindringen«, versichert er. Zwei bis drei Wochen veranschlagt der Zimmermann für den Abbau eines Fachwerkhauses. »Die Deckenbalken sind sehr schwer, das Fachwerk ist eher leicht. Für ein einstöckiges Haus benötigen wir zwei Lastwagen.«

Das skelettierte Haus reist in die Werkstatt in Alteckendorf. Dort wird es restauriert, marodes Holz ausgetauscht – allerdings gegen altes Material.

Rund zwei Monate dauert die Überarbeitungsphase, ein weiterer Monat vergeht für den erneuten Aufbau. »Die einzelnen Balken sind genau nummeriert und können entsprechend wieder zusammengesetzt werden«, so Brenner.

»In der Zimmermannsarbeit gibt es zwei Schulen: Es wurden arabische und römische Ziffern ins Holzwerk geschnitzt – die Wanderarbeiter arbeiteten meist mit lateinischen Nummern.«

Die Balken werden später nicht mit Stahlträgern, Nägeln und Schrauben zusammengesetzt, sondern nach alter Handwerkstradition verzapft, verhalst oder verblattet. Prunkt das Haus am neuen Platz, sind die Gesamtkosten nicht geringer als die eines Neubaus – aber es ist echte Handarbeit.

Im Lager der Brenners stehen auch alte Fachwerkhäuser zum Verkauf. Ebenso rostrote Biberschwanzziegel. Ob die Dachpfannen noch verwendet werden? »Natürlich«, Cedric wiegt eine von ihnen in der Hand, »sie sind aus der hiesigen Erde gebrannt und halten noch ein paar hundert Jahre. Die ältesten stammen von 1595.«

Auch das für den Fachwerkbau verwendete Eichen- oder Fichtenholz ist in gutem Zustand. Es wurde früher nicht gesägt, sondern »gebeilt«. Körperkraft und Treffsicherheit ließen aus einem runden Holzstamm rechteckige Balken entstehen.

»Das alte Holz ist von hoher Qualität. Vor ein- oder zweihundert Jahren wurde im Winter gefällt. Dann ist der Harzgehalt sehr niedrig und kein Schädling zu finden. Auch bei Vollmond geschlagenes Holz ist begehrt. Wie beim Gärtnern, eine Glaubensfrage«, umreißt Brenner.

»Früher wartete man auf das Material, bis man das Beste hatte. Die Arbeitslöhne waren gering, das Geld floss ins Holz. Es sollte auch für die Kinder und Kindeskinder halten. Heute ist es umgekehrt: die Löhne sind so hoch, dass beim Neubau das Billigste ausgesucht wird, auch wenn die Lebensdauer sinkt.«

Um die Mittagszeit trifft der Bautrupp der Brenners ein. Zimmerleute und Lehrlinge gehen gemeinsam Mittagessen. Im Gasthaus ist jeder Platz gefüllt, die Gerichte kommen im Sekundentakt. Es muss schnell gehen und doch nimmt sich jeder Zeit, *menue* und Wein zu genießen. »Das ist bei uns so«, berichtet Ginette, »die Leute müssen hart zupacken, also sollen sie etwas Ordentliches zu essen bekommen.«

Bei Rinderbraten mit Kartoffeln spricht Cedric Brenner von seinen Kunden. »Gerade die Deutschen lieben das Alte, aber es soll am besten neuwertig sein. Ohne Ecken, Kanten und krumme Balken.«

Und er erzählt auch von schlechten Arbeitstagen. Von alten Häusern, die wie hoffnungslose Patienten nicht mehr zu retten waren.

»Man hat früher oft mit Zement verputzt, darunter konnten die Balken nicht mehr atmen, das ganze Holz verfault. Dann lohnt sich auch kein Abbau mehr.«

Ein Jammer um die alte Handwerkskunst, findet er und hebt die Schultern. »Aber das ist das Problem: Geld zerstört die Bausubstanz manchmal genauso schlimm wie der Krieg.«

Von einem, der mit Gespenstern makelte

Im Schattenreich der Geister, Zauberinnen und Hexen

Im April erreichte mich der Brief eines Bekannten, ein empfindsamer Mensch, Schriftsteller, der gern in Cafés verweilt, sich inspirieren lässt, Notizen macht, Skurriles schreibt. Hat er sich mit allzu Menschlichem aufgeladen, muss dieser Freund sich danach für Wochen zurückziehen, verkriechen. Manchmal ist seine Seele empfindlich wie ein Rosenblatt, ein Vergleich, der nicht von mir, sondern von George Sand stammt und für den Komponisten und ihren Liebhaber Frédéric Chopin gedacht war, mir zur Beschreibung des Charakters meines Freundes jedoch höchst geeignet scheint.

Mein Freund G. also beschloss, er brauche einen alten Bauernhof, eine Burg, einen Schutz. Ein Haus auf dem Land sollte es sein.

Er suchte einen Makler in Munster auf. Der Mann war gemächlich in seinen Bewegungen und hatte Zeit. Die beiden besuchten eine *Winstub*, damit G. umschreiben konnte, an was er dachte. Sie tranken einen guten Riesling und merkten, dass sie einander nicht unsympathisch waren. Kurzum, sie schweiften ab und der Nachmittag verging. Es war gen Abend, als mein Freund seine Passion verriet: das Verfassen unheimlicher Geschichten.

Er hatte sich auf Spukerscheinungen und paranormale Phänomene spezialisiert. Eine lange Reise durch Irland unternommen, um den Ruf der Todes-Banshees aufzunehmen; er war heulenden Wölfen und den Spuren Draculas in die Wallachei gefolgt, hatte die Geister der verbrannten Katharer im Languedoc ausgemacht und schlaflose Nächte auf Burg Frankenstein im Odenwald verbracht. Jener Festung, die Mary Shelley zu ihrem Roman inspirierte.

All diese Begegnungen wusste er wie kein anderer zu Unglaublichem zu verstricken. Monsieur Arnaud hörte ihm aufmerksam zu, blickte ihn nachdenklich an und erzählte ihm dann folgende Geschichte:

Es war vor zwei Jahren, mitten im Herbst, als sich die ersten Blätter im Munstertal verfärbten. Um diese Zeit kamen die Wanderer, die Ruheständler und ein paar Genießer, die in den *auberges* nach Käse und frischen Kuchen fahndeten. Arnaud liebte diese Zeit, weder rollten Busse durch die Täler, noch quälten sich Autokarawanen die Berge, den Petit oder Grand Ballon hinauf. Das Elsass atmete durch, es war eine gute Zeit, auch für ihn. Wer jetzt sein kleines Büro betrat, der war nicht nur neugierig, nicht Preisjäger, sondern interessierte sich wirklich für den Kauf eines Hauses.

Das dachte er auch von der Frau, die sich eines Mittags schnellen Schritts in sein Maklerbüro bewegte und sich ebenso rasch erklärte. Sie suche einen Hof, besser, ein historisches Haus – wo, das sei nun eigentlich egal – nur alt, sehr alt, sollte es sein. Sie blickte ihn aus grünen Augen an, und als ihre blassen Hände ein schmales Büchlein aus der Ledertasche zogen, klingelten unzählige Messingreifen an ihrem Handgelenk. Arnaud war gern behilflich und verabredete sich am darauf folgenden Tag mit ihr.

An wen erinnerte ihn diese Frau? Mit ihren kajalgeschwärzten Augen und der weiten Seidentunika war sie nicht unbedingt schön, aber auffallend, exzentrisch. Eine allein stehende Frau, die ungefähr seines Alters war. Er nahm sich den Ordner mit historischen Häusern aus dem Regal und schaltete den Anrufbeantworter ein. Wenig später holte er sie in der Maison de la Tête, einem restaurierten Fachwerkhotel in Colmar ab. Sie stieg, in meergrüne Seide gehüllt, nach Räucherstäbchen duftend, in seinen Citroën.

Ihr Französisch perlte dahin, er bemerkte keinen Akzent und es wunderte ihn, als sie berichtete, Deutsche zu sein. Sie war nicht seine erste deutsche Kundin. Wer rechts des Oberrheins arbeitete, in Baden-Baden oder Karlsruhe, wohnte gern auf der französischen Seite. Die Häuser waren billiger, die Steuerabgaben fielen bescheiden aus. Aber hatte seine Auftraggeberin von ihrer Arbeit gesprochen? Arnaud dachte nach, aber er erinnerte sich nicht. Er merkte es immer mehr, diese Dame verwirrte ihn.

Sie sahen Einfamilienhäuser mit sauberen Vorgärten. Manche von Arnauds Kunden wunderten sich, Aussteiger gaben ihre Enttäuschung offen zu: die Vorgärten, die Häuser nach Din-Norm – das sah doch nicht anders aus als in einem Pfälzer Dorf! Tatsächlich lebten schon so viele Deutsche in Grenznähe, zum Beispiel in Seltz oder Wissembourg, dass einige von ihnen auf einen deutschen Bürgermeister spekulierten. Er blickte zur Seite – sah ihr Haar, das wie ein Wasserfall auf die Brust glitt und bemerkte – sie schaute nicht einmal hin.

Nach Forelle in Weißwein und *crème brulée* kamen sie mittags in Muhlbach an. Ein altes Dorfhaus stand zum Verkauf. Die Fensterläden waren geschlossen, er führte sie durch die vier Zimmer im Erdgeschoss. Kohleöfen, verblasste geblümte Tapeten, in der Küche ein übrig gebliebener Resopaltisch, über ihm, verstaubt, leblos wie ein Geschwulst an der Wand, ein Hirschgeweih. »Es muss renoviert werden«, begann er, »aber dafür kostet es nur achtzigtausend Euro.«

Seine Kundin wandte sich gelangweilt ab. Sie war nicht interessiert. Auch nicht an dem Bürgerhaus in Markstein. Sieben Zimmer, der Garten eine verwilderte Einsamkeit. Er ließ den Preis wie einen Champagnerkorken knallen: 120.000 Euro! Sie winkte ab.

Aufmerksamer wurde sie bei einem Herrenhaus aus der Jahrhundertwende. Herbstrote Kastanien beschatteten die Zufahrt, Hortensien hielten ihre vertrockneten Köpfe tief gesenkt. Ihre Nasenflügel vibrierten, ihr Blick verlor sich auf dem kleinen See. Sie beobachtete die Wildenten, die auf dem Wasser dümpelten, strich mit der Hand über den Raureif, der wie ein Pelz über der Wiese lag. Ihre Ketten hüpften, als sie erregt die drei Stufen zum Portal hochsprang. Ja, sie wolle das Haus sehen – aber allein! Arnaud war vor den Kopf gestoßen. Nahm es jedoch schulterzuckend als weitere Extravaganz, ging zurück zum Auto und zündete sich eine Zigarette an. Nur ein paar Minuten später kam sie zurück und schüttelte bedauernd den Kopf, nein, dieses Haus sei es leider nicht. So ging es am nächsten Tag, am übernächsten auch. Bei jedem Hof, bei jeder Kate fand sie einen Haken, ein Loch, einen Widerspruch und insistierte: Ja, es ist hübsch, aber gibt es nicht etwas Älteres hier?

Am sechsten Tag durchkämmten sie erneut das Munstertal. Die Abendsonne war als Fesselballon hinter den Bergen verschwunden – Arnaud nahm sich vor, dies sei sein letzter Versuch. Er erzählte ihr von Rouffach, einem Wegepunkt der Weinroute, wo sich nur wenige Fachwerkhäuser befänden. Sie fuhren in einer Kurve durch den Ort, es staubte, die Straße war noch nicht geteert. Alte Häuschen duckten sich in den Straßen, die Dachstühle aus Holz wie Gerippe freigelegt. Die meisten Häuser jedoch waren aus dem gelben Sandstein gebaut, der in den nahen Steinbrüchen geschlagen wurde.

Bildete er es sich ein – oder klingelten ihre Armreifen ein bisschen mehr, wurde seine Beifahrerin unruhig? Sie stellten den Wagen im Schatten des Liebfrauenmünsters ab, das immer ein bisschen zu mächtig wirkte, ein deplatziertes Notre-Dame. Mitte Juli spukten die Frauen von Rouffach als Hexen um die Kirche und erinnerten damit an ein Geheimnis der dunklen Geschichte. Inquisition und Hexenverbrennung – über vierzig Mal loderte der Scheiterhaufen in Rouffach und der hohe Hexenturm in der Stadtbefestigung wurde einst als Kerker genutzt. Er wies nach oben und seine Kundin folgte dem Blick, aber schwieg.

Vielleicht interessierte sie das nicht? Arnaud schloss das Kapitel, indem er ihr den Ortsnamen von Rouffach erklärte. Er stamme ab von dem lateinischen Begriff »Rubeaquum«, rotes Wasser, und rühre von einem geografischen Phänomen her. Der Ohmbach, der durch den Ort fließt, hat die Eigenart, sich nach Stürmen rot zu verfärben. Natürlich glaubten die Einwohner damals, es sei Hexerei im Spiel – tatsächlich aber lag es an dem hohen Gehalt von rotem Ton, den der Regen flussaufwärts in den Bach spült.

Ob er das wirklich glaube? Sie schaute ihn spöttisch an. Er schwieg und erzählte nicht, dass die Leute vom Land heute noch sehr empfänglich für Aberglauben seien. Dass es Bauern gebe, die nicht den Tierarzt, sondern den Pfarrer riefen, damit er das kranke Vieh von bösen Geistern heile. Manche vergrüben rohe Zwiebeln vor der Haustür, um Dämonen und Unglück abzuwenden. Die Flut der Bräuche sei nicht zählbar.

Sie wanderten zurück zum Parkplatz, über den der Wind eine weiße Staubwolke blies und fuhren in die Weinberge. Hinter alten Buchen tauchte ein verfallener Bauernhof auf. In der Scheune klapperten Pferdegeschirre, der Brunnen war versiegt und im Dach hatten sich zirpende Schwalben eingefunden. Disteln skandierten den Weg zum Haus, die Fenster waren blind, hier und dort schaute der Zipfel einer verblasstroten Gardine hinaus. Das Gehöft war seit Jahren verlassen, die Familie hatte es längst aufgegeben, einen Käufer zu finden.

Seine Kundin jedoch schien wie betäubt. Ob sie das alte Gebäude als Zumutung empfand, sich auf dem Absatz umdrehen und zurück zum Auto kehren würde? Seinen guten Ruf als Makler wollte Arnaud nicht verlieren.

Sie strich über das morsche Holz der Fensterrahmen, legte den Kopf in den Nacken, studierte das Laub in den Kronen der Bäume, schloss die Augen und zog die Luft wie den Duft eines jahrhundertealten Weines ein.

Bevor er den Preis nennen konnte, nickte sie und er verstand. Sie sah aus wie ein entschiedener Mensch. Sie wollte nicht mehr weg.

Arnaud erhielt das Geld schneller als er es gewöhnt war, reichte es weiter an die Besitzer und behielt seine Maklercourtage.

Die ganze Geschichte war inzwischen eine Zeit lang her. Als er später nach Rouffach kam, fuhr er neugierig hinauf zu dem Haus – er wusste, die Deutschen neigten dazu, alles perfekt zu restaurieren. Sein Wagen holperte das letzte Stück Feldweg – aber das gesamte Anwesen stand leer. Die Scheiben nach wie vor blind, die Disteln bis an die Haustür gewachsen, ganze Schwalbenschwärme übersäten das Dach. Alles schien unverändert, wie an dem Tag, als er ihr den Hausschlüssel gegeben hatte.

Er fuhr in den Ort. Im Restaurant Haxakessel mit Blick auf das Liebfrauenmünster bestellte er einen Mirabellenschnaps. Kleine Stoffhexen tanzten unter der Decke. Er studierte die Speisekarte: *Hexasürkrut* und *Hexarips* – Hexensauerkraut und Hexenrippchen.

Arnaud wurde unbehaglich und er blickte sich um. Die Gäste saßen schweigsam vor ihrem Wein. Er erkundigte sich bei der Bedienung nach einer Deutschen, die in den Weinbergen lebte. Die Blondine mit den kurzen Haaren blickte ihn fragend und nicht besonders freundlich an. Eine Deutsche? Sie kniff die Augen zu und stellte scheppernd seinen Kaffee auf die geblümte Tischdecke, so dass die braune Flüssigkeit auf die Untertasse schwappte. Nein, ist mir nicht bekannt. Arnaud gab seine Recherchen auf. Wo war die Fremde geblieben – warum war sie nie eingezogen? Oder hatte er gar eine waschechte *sorcière*, eine Hexe, durchs Land kutschiert?

Er nahm einen tiefen Zug aus dem Rieslingglas und blickte meinen Freund lange an. Und G., der ihm gespannt zugehört hatte, berichtete von seinen Thesen, die er sich über das Wesen und Auftreten des Übernatürlichen zurechtgelegt hatte. Gewissermaßen war mein Freund dabei nicht ganz objektiv, denn G. glaubt an eine zweite, existente, uns bisweilen aber verschlossene Welt.

Sie fragen sich nun, wie mein Freund, mit seiner Konstitution und Empfindlichkeit, reagierte? Erstaunlich. Er ließ sich den Hof bei Rouffach zeigen, klärte die Besitzverhältnisse mit den früheren Eigentümern, recherchierte lange nach der Dame – fand sie nicht und pachtete das Gehöft für die nächsten zwanzig Jahre.

Gleichwohl, wenn ich ihn hin und wieder besuche, wirkt er manchmal etwas blass, zerstreut. Blickt sich suchend um, richtet das Wort weniger an mich als an eine Unsichtbare, die den Hof mit ihm zu teilen scheint.